JN202746

中国語の非動作主卓越構文

于 一楽 *Yu Yile*

くろしお出版

Non-Agent-Prominent Constructions in Chinese

© Yile YU

First published 2018

All rights reserved. No part of this publication may be reproduced,
stored in a retrieval system, or transmitted in any form or by any means,
without the prior permission in writing of Kurosio Publishers.

Kurosio Publishers
4-3 Nibancho, Chiyoda-ku, Tokyo 102-0084, Japan

ISBN 978-4-87424-778-5
printed in Japan

目　次

まえがき

　理論言語学では，英語を中心に研究が進み，アジアの諸言語の中では，おそらく日本語が一番よく研究されている。少なくとも，中国語は英語や日本語ほど理論的研究は進んでいない。近年，中国語の統語論研究は比較的盛んに行われているものの，語彙意味論研究はそれほど進んでいないのが現状である。このような状況の中で，本書は動詞の意味構造を中心に，中国語の非動作主卓越構文（結果複合動詞構文，双数量構文，存現文）における項の文法関係（項の具現化）を考察し，中国語の語彙意味論研究に光を当てようと試みるものである。中国語の項の文法関係には，英語や日本語とかなり異なるパターンが存在する。これらの現象を調べることで，中国語の動詞の意味構造にどのような共通性があるのかを明らかにするとともに，言語研究に対して興味深い考察となることを目指す。理論面は言うに及ばず，特に経験面で興味深い事実を浮き彫りにすることで，言語の普遍性と特殊性の探求に少しでも貢献できればよいと考えている。これが本書の最大の目的である。

　項の具現化研究は，ある事象における参与者がどのような形で統語構造に現れるかということを明らかにする課題に取り組むものである。この問題は多くの理論的枠組みで中心課題となっており，統語論や意味論などさまざまなアプローチから捉えられているが，本書では，語彙意味論のアプローチを採用する。Levin (1985: 1–4) で述べているように，語彙意味論の第一の目的は項の具現化の普遍的なパターンを明らかにすることとされている。詳しい議論は次章以降に任せることにして，ここでは項の具現化に関して，語彙意味論の枠組みで想定されている基本的な概念を導入しておく。

　通常，項のリンキングは項構造から統語構造へ行われると考えられている。項とは，事象の参与者のことで，しばしば動作主，対象，受益者などの意味役割によって表示される。語彙意味論では，これらの意味役割はさらにより深い意味構造，すなわち語彙概念構造（Lexical Conceptual

Structure，以下 LCS）から派生されるものと考えられている。語彙概念構造とは，動詞の意味を抽象的な意味述語に還元し，それらを組み合わせて動詞がもつ概念的意味を表示するものである。代表的な意味述語には DO, CAUSE, BECOME, BE などがある。DO は動作主を項にとり行為を表す意味述語，CAUSE は使役を表す関数，BECOME は対象を項にとり変化を表す意味述語，そして BE は対象を項にとり状態を表す意味述語である。語彙概念構造では，これらの意味述語から事象の参与者の意味解釈（意味役割）が得られる。たとえば，[x DO] の LCS において，DO がとる項 x は動作主であると考える。なお，本書で仮定している枠組みでは，意味役割はプリミティブな概念ではなく，語彙概念構造から派生的に定義される。そのため，意味役割は便宜上，説明の道具として使用することになるという点にも留意されたい。

　語彙意味論では，項の具現化は「語彙概念構造→項構造→統語構造」という一連の写像により行われる。この図式では，語彙概念構造から項構造へ統語構造で必要な意味役割情報を含む項が継承され，それらの項が項構造から統語構造へリンクされることになる。「リンキング（ルール）」は2つ目の矢印で示しているように，項構造から統語構造へ適用されるもので，その統語構造に必要な意味情報を含む項は，1つ目の矢印で示しているように，語彙概念構造から項構造へと受け継がれることになる。

　語彙意味論を考える上で大事になるのは，レキシコン（心的辞書）の捉え方である。ひとえにレキシコンといっても理論的立場によってさまざまな見解がある。たとえば，レキシコンは，単に単語，イディオムや慣用句などを記憶する場所にすぎないと考えることもできる。あるいは，そもそもレキシコンなどないと考えることもできる。しかし，本書を含め，語彙意味論ではこれらのような見解はとらず，レキシコンは単語などを記憶する機能があることに加えて，（統語構造と関連して）さまざまな（語彙）操作が行われる部門を形成すると考える。レキシコンはダイナミックな側面をもつのである（Pustejovsky 1995, 由本 2011）。

　以上が本書で必要となる理論の大枠である。この他の必要な概念や道具だてについては，各章で適時導入していく。

　本書は，第1章，第2章，第3章，第4章，そして第5章の結びから構成される。以下，各章でどのような考察を行うかについての概略を述べる。

　第1章では，項の具現化研究でしばしば議論される意味役割の階層性についてまず検討した上で，中国語の非動作主卓越構文（結果複合動詞構文，双数量構文，存現文）では意味役割の階層性に反する形で項の具現化が行われることを確認する。より具体的には，結果複合動詞構文と双数量構文（"供用句"）で動作主が目的語に具現化されること，存現文で場所項が対象項よりも高い位置に具現化され，さらに本来具現化されるはずの動作主が具現化されないことを見る。本章では，それぞれの構文でどのような研究が行われてきたかを示し，先行研究の問題点を指摘していく。その後，本書が依拠する語彙概念構造の概略を示す。

　第2章では，中国語非動作主卓越構文のうちの結果複合動詞構文について考察する。動詞と動詞が合成して結果複合動詞が形成されると，4つの論理的に可能な解釈が生まれることになるが，このうち，実際に可能な解釈は3つに絞られる。この3つの解釈の中の1つに目的語が動作主として解釈される読みがある。本章では，この解釈が得られる場合でも，実際に動作主が目的語として機能していることを再帰代名詞束縛（reflexive biding）と所有者関係節化（possessor relativizing）から確かめた上で，当該構文のリンキングパラダイムは「項 α に対象（theme）の解釈があるときに限り，項 α は目的語に（内項として項構造に）具現化される（ただし，主語（外項）がなければならない）」という単純なルールにより説明されることを示す。また，動作主が目的語に具現化できるのは，V1 の動作主とV2 の対象が意味的に同定される場合に限られることも示す。さらに，V1 が他動詞，自動詞，そして3項動詞のいずれの場合でも同じメカニズムにより可能な解釈が成り立つことを経験的なデータから検討し，先行研究よりも多くのデータを説明できることを示す。

　第3章では，非動作主卓越構文のうち，中国語学で"供用句"（本書では，双数量構文）と呼ばれる構文について考察する。この構文では，'両碗饭吃三个人'（2杯のご飯で3人の人間が食べることができる。）のように，対象"両碗饭"（2杯のご飯）が主語に，動作主"三个人"（3人）が目的語に現れる。この構文では，単に食べるという行為が表されているわけ

でなく，「2杯のご飯は3人の人間が食べるのに十分な量である」のような数量対比関係の意味も表されている。本章では，なぜこのような意味が双数量構文に存在し，対象が動作主よりも高い位置に現れる語順が形成されるのかを検討する。ここでもまず，双数量構文がSVO語順になっていることを再帰代名詞束縛と所有者関係節化によって確認する。そして，双数量構文に現れる動詞は，「足りる」の意味を表す動詞“够”と複合動詞を形成することができ，動詞が単独で現れる当該構文と同じ文法的ふるまいを見せることを示す。複合動詞“够V”と単独の動詞が同じ文法的特徴を示すことから，双数量構文は見かけ上は現れないものの，実質的に存在する“够”と合成して，“够V”という複合動詞を形成していることを提案する。この提案により，進行形にできないこと，具体的な時間や場所を指定できないことなどの先行研究では捉えられない事実が，自然に説明される。また，当該構文の項の具現化パターンは「項αが対象または場所（内項）であるとき，かつ，そのときに限り，項αは主語にリンクされる」というリンキングルールから説明できることを提案する。さらに，「対象＋動詞＋動作主」の語順をとるにもかかわらず，数量対比関係の意味がない“看”（診る）についても議論し，双数量構文と似てはいるものの，別の現象であることを示す。ただし，別の現象ではあるが，結局は，見かけ上現れない動詞が複合されているという双数量構文と同じようなメカニズムで説明できることを示す。

第4章では，非動作主卓越構文のうちの存現文について考察する。より具体的には，存現文がなぜ「場所＋動詞＋対象」という語順をとるのか，そして，なぜ非対格自動詞だけでなく，非能格自動詞さらには（受動形でない）他動詞も現れることができるのかについて検討する。本章では，まず，存現文がSVO語順をなしていることを再帰代名詞束縛と所有者関係節化によって確認した上で，当該構文で倒置が起こるのは，動詞本来の語彙概念構造に含まれる存在スキーマが所有スキーマに書き換えられるからであるということを示す。また，この書き換え規則は，語彙概念構造に場所概念を含む意味述語 [BE AT] が含まれている動詞に限られることを示す。書き換えられた所有スキーマでは，場所項が対象項よりも高い位置に生成される項構造が形成されることになり，「場所＋動詞＋対象」と

いう存現文の語順が生まれることになる。この分析をとると，存現文で動詞の行為連鎖に含まれる＜行為＞と＜変化＞を修飾できないことなど先行研究では捉えられない事実を説明することができるようになる。

　以上が本書の構成である。もちろん，本書で議論するデータは語彙意味論だけでなく，他の文法理論からアプローチすることもできるであろう。ここでは，分析の１つの可能性として，一定のまとまった語彙意味論のメカニズムから説明できることを示していく。

　本書は 2013 年に神戸大学大学院人文学研究科から学位授与された博士論文『中国語非動作主卓越構文の研究』をもとに，その後の研究成果を反映させて，大幅な加筆・修正を行ったものである。このような形で完成に至るまでには，いくら感謝しても感謝しきれないほどの周りの多大なサポートがあった。

　指導教官である岸本秀樹先生から教わったことは僕の研究人生の財産である。先生は輪郭の見えない僕の話にいつも親身になって聞いてくださり，活発な議論と丁寧なご指導で勇気づけてくださった。いつも貴重なお時間を割いていただき，ときには昼食中や帰りの電車の中でも論文の相談に乗っていただいた。心より御礼を申し上げたい。副指導教官である松本曜先生と鈴木義和先生にも御礼を申し上げたい。年に２回ほどある博士論文の中間発表など，本書の各過程において，いつも建設的で有意義なコメントをいただいた。また，田中真一先生，窪薗晴夫先生，西光義弘先生にも心より御礼を申し上げたい。言語学研究室の先輩方，院生，研究生にも感謝の意を表したい。とても楽しい時間を一緒に過ごすことができた。神戸大の伝統，隔たりのない温かいムード，お花見，BBQ 大会，忘年会など，ここの研究室でしか味わうことのできない数多くの経験は，研究者としてだけでなく，人間として成長することに欠かすことのできないものであると感じている。

　学部生時代と修士時代の恩師である影山太郎先生には言語学者のあるべき姿を教わった。先生は常々「新しいデータ，新しい理論」ということを繰り返しおっしゃっていた。事あるごとに，この言葉が脳裏をよぎったものである。この場を借りて，心より御礼を申し上げたい。また，関西レキ

シコンプロジェクト（KLP）の研究会メンバーにも御礼を申し上げたい。修士1年生だった僕を温かく迎えていただき，数多くの発表の機会も与えていただいた。特に，由本陽子先生には当初からたいへんお世話になり，本書の内容も含めて数多くの貴重なコメントをいただいた。心より御礼を申し上げたい。KLP の他，関西学院大学時代の先輩である浅野真也氏，工藤和也氏，当時，大阪大学大学院にいた依田悠介氏などとともにしていた勉強会でも多くのことを学んだ。勉強会のメンバーは徐々に増え，関西学院大学，大阪大学，神戸大学，京都外国語大学など広範囲にわたり，そのせいか，いつも活発な議論が行われ，毎回，触発されたことを覚えている。

　僕の（研究）人生において一番欠かせないのは家族の存在である。まず，僕を小さい頃から育ててくれた祖父母に感謝したい。特に，"公公"（おじいちゃん）には卓球，中国将棋，囲碁など多くのことを教わった。すべて忘れられない大切な思い出である。次に，バイリンガルに育ててくれた両親に感謝したい。他の人では経験できないような環境や機会を多く与えてくれた。父が言語学者であることもあり，小さい頃から「ことば」に対する興味があった。僕が小学生の頃，当時国語学をしていた父の命令で，日本の古典文学をワープロに打ち込むという作業をひたすらしていたことを鮮明に覚えている。おかげでワープロ打ちは随分と速くなった。そして，最大の感謝は妻に捧げたい。「고마워요」

　以上の方々以外にも，学会や研究会において多くの励ましをいただいた小野尚之先生，伊藤たかね先生，杉岡洋子先生，中谷健太郎先生，三原健一先生，沈力先生をはじめとする先生方に感謝を申し上げたい。

　また，くろしお出版の池上達昭氏には，本書を出版するきっかけを作っていただいた。そして，荻原典子氏には，編集・校正などに関して，いろいろとたいへんお世話になった。この場を借りて，両氏に感謝を申し上げたい。本書の一部は，JSPS 科研費若手研究（B）「動作主の具現化に関する語彙意味論研究」（#JP17K13444）の助成を受けた研究成果を含んでいる。また，本書は「国立大学法人滋賀大学教育研究支援基金による出版助成制度」の助成を受けている。関係者の方々のご高配に感謝を申し上げる。

西宮にて

2018 年 6 月

第1章

先行研究

1.1.　問題提起

　意味が統語構造を決定するという考えに基づき，Gruber（1965），Fillmore（1968），Jackendoff（1972）など60年代後半から70年代前半にかけて，動詞が意味的にとる意味役割の理論が提案されて以来，意味役割と実際に項が統語上現れる位置の関係（項の具現化）の問題がしばしば議論されている（Jackendoff 1972, Ostler 1979, Foley and Van Valin 1984, Carrier-Duncan 1985, Kiparsky 1985, Larson 1988, Bresnan and Kanerva 1989, Bresnan and Moshi 1990, Grimshaw 1990 など）。項の具現化を説明する際によく仮定されるものに「意味役割の階層性」（Thematic Hierarchy）がある。これは，意味役割によって項が現れる統語的位置を相対的に規定するもので，一定の階層に従って項の具現化が行われるとする仮説である。以下にその提案のいくつかの例を挙げる（なお，Fillmore（1968）では意味役割は"case"と呼ばれている）[1]。

(1)　a.　*ag > ben > recip/exp > inst > th/pt > loc*

Bresnan and Kanerva（1989: 23）

　　b.　*ag > ben > go > ins > pt/th > loc*　　Bresnan and Moshi（1990: 169）

　　c.　*agent > Experiencer > Goal/Source/Location > Theme*

1　Kiparsky and Staal（1969）によれば，意味が統語構造を決定するという考えは，はるか昔すでに Pāṇini 文法に存在していたと言われている。

Grimshaw（1990: 8）

    d.   *Agent > Source > Goal > Instrument > Theme > Locative*

Kiparsky（1985: 20）

    e.   *Agent > Theme > Goal > Obliques*（*manner, location, time,...*）

Larson（1988: 382）

（1）の意味役割の階層性は，意味役割が左から右の順に高い階層にあることを示している[2]。また，より高い階層にある意味役割はそれよりも低い階層にある意味役割より統語上もより高い位置に現れることを示している。このことは次の例の対比からわかる。

（2） a.   太郎［動作主］がボール［対象］を投げた。
     b. *ボール［対象］が太郎［動作主］を投げた。

（2）の「太郎」と「ボール」はそれぞれ「投げる」の意味役割として動作主と対象を担っている。（1）の階層性から動作主は対象よりも高い位置にあるので，動作主が主語にそして対象が目的語に具現されることが予想され，（2a）がその具体例に当たる。対照的に，（2b）では（1）の階層で動作主よりも低い位置にある対象が主語に具現され，そして対象よりも高い位置にある動作主が目的語に具現されているので非文となる。このように，意味役割の階層性により，（2）の項の具現化パターンが説明できることになる。

　特に，ここで注目する点は，（1）のどの階層性においても階層のもっとも高い位置に動作主（agent）があり，受身などの文法操作がかかわらない限り，動作主は主語として具現化されるというものである。このことは，広く受け入れられている仮説であり，近年の研究でも同様の見方がとられている（Levin and Rappaport 2005）。たとえば，（3）の意味役割の階層性と文法関係は Wechsler（2015）からの引用で，動作主と対象が想定される

2　（1c, d）の意味役割の階層性は，実際には Grimshaw（1990）では（Agent（Experiencer（Goal/Source/Location（Theme））））のように，Kiparsky（1985）では Agent < Source < Goal < Instrument < Theme < Locative Verb > > > > >のように表記されている。便宜上，筆者によりここでは表記を統一している。

場合，動作主が主語にそして対象が目的語に具現化されることを保証している。

(3) a. agent > beneficiary > recipient/experiencer > instrument > theme/patient > location
　　 b. Sub_ect > Object

Wechsler (2015: 59)

　多くの言語で意味役割の階層性が有効な分析になるのと同様に，中国語にも通常 (1) のような階層が当てはまる（陈 1994）。たとえば，動作主と対象を例にとると，(4) のように，中国語でも動作主が対象よりも統語的に高い位置に具現される。また，対象と場所を例にとると，(5) のように，対象が場所よりも統語的に高い位置に具現される[3]。

(4) 　张三　打　　了　　李四。
　　　 張三　殴る　ASP　李四
　　　(i)　 ‘張三が李四を殴った。’
　　　(ii) *‘李四が張三を殴った。’
(5) a. 张三　到　　家　　了。
　　　 張三　着く　家　ASP
　　　 ‘張三が家に着いた。’
　　 b. *家　到　　张三　了。
　　　　家　着く　張三　ASP
　　　　‘張三が家に着いた。’

(4i) の日本語訳からわかるように，(4) において，動詞 "打"（殴る）の動作主（殴る人）"张三" は主語に，そして対象（殴られる人）"李四" は目的

3　本書で使うグロスの略語一覧をここに示しておく。
ASP=Aspect marker, BA=marker of the *ba* construction, CAUS=Causative marker, CL=Classifier, DE=Postverbal resultative marker, GEN=Genetive, NEG=Negative, PASS=Passive marker, PROG=Progressive, Q=Question particle

語に具現されている。このことは，＜動作主＞と＜対象＞を比べた場合，中国語が (1) の階層性に従って，主語と目的語の意味役割が割り当てられていることを示している。したがって，目的語に動作主，主語に対象の解釈が割り当てられる (4ii) は容認されない。(5a) では，動詞"到"（着く）の対象"张三"が主語に，そして場所"家"は目的語に具現されており，(5) も (1) の階層性に従って，主語と目的語に意味役割が割り当てられることを示している。もちろん，対象と場所が逆転して現れる (5b) は非文である。

　ところが，(6) に示すように，中国語には一見，(1) の階層性に反する形で項が具現化されることがある。

(6)　a.　一大堆　　衣服　　洗累　　　　　　了　　　妈妈。
　　　　　山積み　　服　　　洗う−疲れる　ASP　お母さん
　　　　　'お母さんが山積みの服を洗ってその結果お母さんが疲れた。'
　　　b.　两碗　　　饭　　吃　　　三个　　　人。
　　　　　二−CL　ご飯　食べる　三−CL　人
　　　　　'2 杯のご飯で 3 人の人間が食べることができる。'
　　　c.　石头　上　刻　　着　　　一个　　　字。
　　　　　石　　上　彫る　ASP　一−CL　文字
　　　　　'石の上には文字が 1 つ彫ってある。'

(6a) は，一般に，結果複合動詞構文と呼ばれる構文に相当し，(4) で見た一般的な中国語の事実に反して，動作主が目的語となることができる。(6a) の意味からもわかるように，動詞"洗"（洗う）の動作主である"妈妈"（お母さん）は，(6a) では結果複合動詞"洗累"（洗う−疲れる）に後続し，目的語となっている[4]。(6b) は中国語学で"供用句"と呼ばれる構文で，動詞"吃"（食べる）の動作主"三个人"（3 人）も (1) の階層性に反

4　動作主がいつも主語になるという通説に対する反例としてもっとも研究されているのはジルバル語，オーストラリアのアボリジニ語，中央北極エスキモー語やタガログ語などの能格言語であろう（Dixon 1972, 1979, 1994, Anderson 1976, Keenan 1976, Keenan and Comrie 1977, Marantz 1981, 1984）。次のタガログ語の例を観察されたい。

して主語ではなく目的語に具現化されている。さらに，(6c) は中国語学
で存現文と呼ばれる文であるが，(5) とは異なり，(6c) では，場所項 "石
头"（石）が対象項 "字"（文字）よりも統語的に高い位置（すなわち，主
語）に具現化されている。つまり，(6a, b, c) はどれも動作主の現れ方に関
して特異であることがわかる。(6a) の結果複合動詞構文と (6b) の "供用
句" では通常主語に現れる動作主は目的語に現れている。(6c) の存現文で
は，本来 "刻"（彫る）の意味構造に含まれる動作主（彫る人）は取り除か
れている。(6) では動作主は卓越の項になっていないのである。このこと
から，以後，これらの構文を総称して，「非動作主卓越構文」と呼ぶ。

　このように，中国語の非動作主卓越構文では (1) の階層性に反した形
で項の具現化が行われることが確認できる。以降，これらの構文がなぜ一
般的な仮説に反して，項が逆転した形で具現化されるのかを明らかにして
いく。本書に全体を通して，(1) の意味役割の階層性は基本的に維持され
るが，(6) の非動作主卓越構文で意味役割の階層性に反して項の具現化が
行われるのは，それぞれの構文で「動詞＋動詞」や「動詞＋アスペクト助
詞」のように，単独の動詞ではなく，動詞と別の要素が合成される場合
に起こる現象であることを示していく。特に，第3章で議論するように，
双数量構文における動詞が見かけ上は現れない動詞と合成して，複合動詞

(i)　　　B-in-ili-φ　　　ng=lalake　ang=isda　sa=tindahan.
　　　　PERF-buy-OV　GEN=man　NOM=fish　DAT=store
　　　　' The man bought the fish at the store. '　　　　　　Kroeger（1993: 13）
　この場合，動作主は属格の *man* であり，対象は主格の *fish* である（これは動詞 *buy* が
"Objective Voice" であることからわかる）。Kroeger（1993）はタガログ語で関係節を作
ることができるのは主格名詞だけであることを明らかにし，Keenan and Comrie（1977）
に従うと，タガログ語では主格名詞が主語となる。すなわち，上記の例における主語は
fish であり，以下に示すとおり，関係節を作ることができる。
(ii)　　　isda=ng　　i-b-in-igay　　ng=lalake　sa=bata
　　　　fish=LNK　IV-PERF-give　GEN=man　DAT=child
　　　　' the fish which was given to the child by the man '　　Kroeger（1993: 23–24）
　この事実から (i) では動作主が主語でないことがわかり，意味役割の階層性に違反す
る形になることを示している。
　これに対し，本書で扱う中国語は対格言語である。対格言語と能格言語にさまざまな
違いが見られることは自明であり，一概に同じように考えることはできない。ここでは
能格言語について，これ以上深く議論しないことにする。

を形成することは，本書の分析が正しいことを如実に物語っている。以下
では，本書が扱う構文の記述的・理論的先行研究をまとめていく。

1.2.　結果複合動詞構文の項の文法関係

1.2.1　呂（1946）

　（6a）で見たように，非動作主卓越構文のうちの結果複合動詞構文では
動作主が目的語になることができる。この非典型的な項の具現化に関す
る理論的研究は 1990 年代になって初めて現れるが（Li 1995, 1999），事実
の観察はすでに呂（1946）でされており，1940 年代にまでさかのぼること
ができる。呂（1946）は，原則，動作主であれば主語であり，対象であれ
ば目的語であると仮定した上で，（6a）のような文には 2 通りの分析が可
能であると述べている。1 つは，もし（6a）における複合動詞を自動詞的
用法とすれば，動作主“妈妈”（お母さん）は倒置された主語となり，（6a）
は主語倒置型の構文になるという分析である。もう 1 つは，もし複合動
詞を使役的意味・用法とすれば，（6a）タイプの文は主動詞のない文にな
るという分析である。呂（1946）によれば，後者の分析が可能となるの
は，使役においては何が動作主であるかが不明瞭であるからである。ここ
で注意したいのは，呂（1946）では動作主であれば主語であるという絶対
的関係を前提としているため，主語が倒置されているという分析を行って
いることである。第 2 章で詳しく議論するように，（6a）の動作主は統語
的なふるまいを見る限り，主語ではなく，紛れもない目的語であることが
わかる。

　呂（1946）の 2 通りの分析のうち，任（2005）は後者の分析を採用し，
（6a）タイプの文を使役文として分析している。任（2005）は（6a）の“妈
妈”（お母さん）を使役の対象であると分析し，一般的な動作主とは異な
るとしている。このように，中国語学では（6a）の“妈妈”（お母さん）を
動作主とすべきか使役の対象とすべきかで分析が異なる。一方，以下で見
るように，理論言語学では（6a）の“妈妈”（お母さん）のような名詞句は，
動作主かつ使役の対象であるとみなされている。

　（6a）タイプの項の具現化を明らかにするためには，結果複合動詞にお

ける項構造の捉え方を示しておく必要がある。一般に，結果複合動詞の項構造はそれぞれの動詞を組み合わせて作られると考えられている。

Li and Thompson（1981）で議論されているように，結果複合動詞は「動詞＋動詞」型の複合動詞において，前項動詞（V1）が動作を表し，後項動詞（V2）が前項動詞の動作によって引き起こされた結果を表すものである。また，Gu（1992）でも議論されているように，V2 は非対格自動詞であるとされている[5]。たとえば，"追累"（追う－疲れる）において，"追"は追うという行為を表し，"累"は疲れたという結果状態を表す。この"追累"（追う－疲れる）を例にとると，その項構造は，（7）に示すように記述できる。"追累"（追う－疲れる）の項構造は，"追"（追う）の項構造＜動作主，対象＞と"累"（疲れる）の項構造＜*対象*＞が複合される形で表される。なお，本書では便宜上，結果複合動詞がとる意味役割関係を，前項動詞（V1）の項構造は＜動作主，対象＞のように，後項動詞（V2）はイタリックで＜*対象*＞のように表す。

(7) a. "追"（追う）：　＜動作主，対象＞
　　 b. "累"（疲れる）：＜*対象*＞
　　 c. "追累"（追う－疲れる）：＜＜動作主－*対象*＞，対象＞ or
　　　　　　　　　　　　　　　　　＜動作主，＜対象－*対象*＞＞

Li（1990, 1993）では，（1）の階層性でも見たように，動作主は対象よりも高い階層にあり，統語上もより高い位置に具現化されると仮定し，（7a）は動作主が対象よりも高い階層にある項構造を表している。さらに，Activity（活動）は State（状態）よりもアスペクト上優位であるという Grimshaw（1990）の研究を踏まえ，結果複合動詞におけるアスペクトの主要部は活動を表す V1 であると主張している。そして，Li（1990, 1993）では，結果複合動詞の項は形態的にもアスペクト的にも主要部である V1 の意味役割内の階層性を保持したまま具現化されると主張しているので，

5　結果複合動詞における後項動詞が動詞であるか形容詞であるかについては論争があるが，ここでは動詞としておく。

"追累"（追う‐疲れる）は，動作主が対象よりも高い階層に位置する項構造を形成することになる。結果複合動詞構文は 2 項述語であるため，（7a）と（7b）が合成すると，"累"（疲れる）の項は"追"（追う）のどちらかの項と同定される必要があり，その結果，（7c）の 2 つの項構造が作られる。どちらの項構造においても動作主は対象よりも高い位置に存在している。

　（7）が結果複合動詞の基本的な項構造であるが，Li（1993）は Bao Zhiming（個人談話，1989）からの指摘を受け，"追累"（追う‐疲れる）には 3 つ目の解釈，すなわち第 3 の項の文法関係が可能であるという事実に触れ，新たな分析が必要になると述べている。この 3 つ目の解釈とは，まさに，（6a）で見たような目的語が動作主として解釈されるパターンを指している。以下では，この第 3 の解釈を含めた結果複合動詞における項の具現化がどのように先行研究で説明されてきたかを見る。

1.2.2　Li（1995, 1999）

　結果複合動詞における項の具現化を整理すると，"追累"（追う‐疲れる）では，（8）に示すように，論理的に可能なはずの 4 つの解釈が 3 つに絞られる[6]。

6　Li（1993）の注 3 にもあるように，結果複合動詞構文の目的語が数量句を伴う場合，本文（8i）のような目的語が「疲れる」という解釈だけが可能で，（8ii）のような主語が「疲れる」という解釈ができなくなるということが指摘されている。
(i)　　　淘淘　追累　了　三个人。
　　　　　a. ‘淘淘が 3 人を追ってその結果 3 人が疲れた。’
　　　　　b.＊‘淘淘が 3 人を追ってその結果淘淘が疲れた。’
　Li（1993）ではこれは独立した理由によることが示唆されているが，本書でもそのように考える。ただし，数量句が目的語名詞に現れることだけが解釈の可能性を狭めるわけではないと思われる。なぜなら，日本語の指示代名詞の「ソ」に当たる"那"と数量句が目的語名詞に伴う場合は，（8ii）のような解釈ができるからである。
(ii)　　　淘淘　追累　了　那三个人。
　　　　　a. ‘淘淘があの 3 人を追ってその結果 3 人が疲れた。’
　　　　　b. ‘淘淘があの 3 人を追ってその結果淘淘が疲れた。’
　したがって，解釈の可能性が絞られるのは，数量句を伴う名詞句が nonspecific の解釈を受ける場合と考えることができる。なお，（ii）において，目的語に動作主の解釈ができるかどうかは判断にゆれがあるが，筆者の判断は（?）である。

(8)　　淘淘　　追累　　　　　了　　悠悠。

　　　　淘淘　　追う‐疲れる　ASP　　悠悠

　　　(i)　　'淘淘が悠悠を追ってその結果悠悠が疲れた。'

　　　(ii)　　'淘淘が悠悠を追ってその結果淘淘が疲れた。'

　　　(iii)　*'悠悠が淘淘を追ってその結果淘淘が疲れた。'

　　　(iv)　　'悠悠が淘淘を追ってその結果悠悠が疲れた。'

Li（1995: 265）（訳は筆者による）

(8)は"追累"（追う‐疲れる）に可能なすべての解釈を示している。1つ目の解釈は，主語の"淘淘"が目的語の"悠悠"を追ってその結果目的語の"悠悠"が疲れるという解釈である（8i）。2つ目の解釈は主語の"淘淘"が目的語の"悠悠"を追ってその結果主語の"淘淘"が疲れるという解釈である（8ii）。そして，3つ目の解釈は目的語の"悠悠"が主語の"淘淘"を追ってその結果目的語の"悠悠"が疲れるという解釈である（8iv）。

　ここで重要なのは3つ目の解釈である。通常，動作主は意図的な行為を表すとされているが，(8)の結果複合動詞"追累"（追う‐疲れる）の3つ目の解釈（8iv）では，目的語の"悠悠"が追うという行為の動作主を表す。これは動作主がいつも主語になるという通説に反する現象を示していることになる。動作主が目的語に具現化されていることを図示すると(9)のようになる。(9)では，目的語の"悠悠"に動作主の解釈が与えられており，全体として，V1の動作主（追う人）とV2の対象（疲れる人）が"悠悠"であること，そしてV1の対象（追われる人）が"淘淘"であることを示している。

(9)　　淘淘　　追累了　悠悠。

　　　　　｜　　　　　　　｜

　　　＜対象＞　　＜動作主／対象＞

　Williams（2014）やTham（2015）などの近年の中国語に関するハンドブックにおいてもこの問題が紹介されているが，Li（1995, 1999）の提案が代表的なものと思われる。結果複合動詞構文において動作主と対象が逆

転した形で具現化される問題を解決するために，Li（1995, 1999）は意味
役割の階層性とは別に使役の階層性を仮定し，使役の階層性が成り立つ
場合にのみ動作主と対象の逆転が可能になるという分析を提案している。
ここでの使役の階層は Cause と Affectee の使役役割から構成され，c-roles
と呼ばれている。より具体的には，Li（1995, 1999）はこれらの使役役割
が以下の条件のもとで結果複合動詞に割り当てられると，動作主が目的語
となりうると論じている。（10）がその具体的な条件である。

(10)　C-roles（causative roles）are assigned according to the algorithms
　　　below.
　　　a.　the argument in the subject position receives the c-role Cause from a
　　　　　resultative compound if it receives a theta role only from V_{caus-}.
　　　b.　the argument in the object position receives the c-role Affectee from a
　　　　　resultative compound if it receives a theta role at least from X_{res-}.
(11)　Theta role assignment may violate the thematic hierarchy when the NP
　　　arguments involved also receive c-roles as specified in (10).
(12)　The mapping from the argument structure of a lexical item to syntax
　　　contains at least the following steps:
　　　Step 1: Randomly assign theta roles to syntactic argument positions.
　　　Step 2: Where possible, assign c-roles to these positions according to (10).
　　　Step 3: Check the result of theta role assignment according to (11).

Li (1999: 453)

(10) – (12) からもわかるように，Li（1999）では結果複合動詞に特化し
た複雑なルールが仮定されている。そのうち，（10）は前項動詞と後項
動詞がとる意味役割と照らし合わせて，c-roles が適応される条件を表し
ている（なお，V_{caus-} は結果複合動詞の前項動詞（V1）を，X_{res-} は後項動
詞（V2）をそれぞれ表している）。より具体的には，（10a）は主語名詞が
V_{caus-}（V1）からのみ意味役割を与えられているときは Cause が付与される
ことを示している。また，（10b）は目的語名詞が少なくとも X_{res-}（V2）か
ら意味役割が与えられているときに Affectee が付与されることを示して

いる。(11) は c-roles が与えられたときのみ，意味役割の階層性の違反が可能になること，つまりここでは動作主が目的語になることができることを示している。そして，(12) は結果複合動詞の項の具現化に関するルールの順序を規定するものである。すなわち，VV 複合動詞があると，まず，それぞれの意味役割を統語上に具現し，次に，(10) に従って c-roles が与えられ，最後に得られた結果が意味役割の階層性に違反してもよいかどうかを (11) と照らし合わせるのである。(10) – (12) の前提のもとで，(8) の論理的に可能なはずの 4 つの解釈が 3 つに絞られるという事実は (13) により説明されることになる。

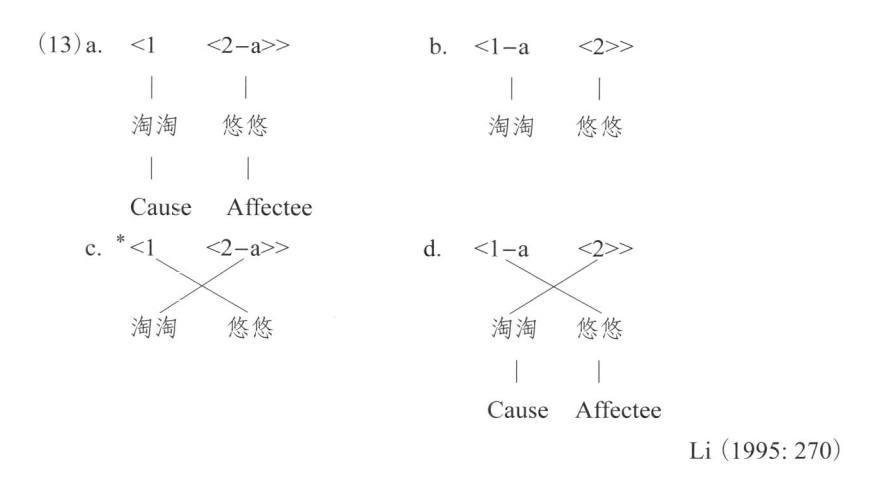

(13) a.   <1   <2–a>>   b.   <1–a   <2>>
          | | | |
        淘淘   悠悠   淘淘   悠悠
          | |
        Cause   Affectee

   c. *<1   <2–a>>   d.   <1–a   <2>>

        淘淘   悠悠   淘淘   悠悠
                                       | |
                                     Cause   Affectee

Li (1995: 270)

(13) の <1, 2> と <a> はそれぞれ V1 と V2 の項構造を表している。本論の表記に直すと，それぞれ < 動作主，対象 > と < 対象 > に対応する。(13a) の <2–a> のような表記は V1 の対象と V2 の対象が同定され，1 つの意味役割をなすことを示している。このように項の同定が行われるのは，Li (1990) によれば，Chomsky (1981) の Theta-criterion の違反を免れるためである。

　項の同定が行われると，(13a, b, c, d) の 1 行目に当たるような <1 <2–a>> と <1–a <2>> の 2 つの項構造が作られる。ここで，(12) の Step 1 から，意味役割の主語と目的語へのリンクが形成される。結果として，

（13）の 4 パターンのリンキングが作られる。これは結果複合動詞におけ
る項の具現化の最大のパターンであるが，c-roles が（10）のルールに従っ
て付与されうるのは，（13）の 4 パターンのうち，（13a）と（13d）の 2 つ
に限られる。

　（10a）によれば，主語位置の名詞句に使役役割 Cause が与えられるのは
その名詞句が V1 からのみ意味役割が与えられている場合である。（13a）
では，主語名詞の“淘淘”は V1 から動作主の意味役割しか与えられて
いない。したがって，“淘淘”には使役役割 Cause が付与される。また，
（10b）から目的語位置の名詞句に使役役割 Affectee が与えられるのは，そ
の名詞句が V2 から意味役割を与えられてさえいればよいので，V2 から
対象を付与されている目的語名詞の“悠悠”に使役役割 Affectee が付与さ
れる。以上の意味役割関係から，（13a）は“淘淘”が“悠悠”を追ってその
結果“悠悠”が疲れたという（8i）の解釈となり，さらに使役役割が付与さ
れているので，“淘淘”には原因（Cause）の意味が，“悠悠”には被影響者
（Affectee）の意味が付加されている。

　次に，（13b）の主語名詞“淘淘”には V1 と V2 の両方から意味役割が
与えられており，「主語位置の名詞句に使役役割 Cause が与えられるのは
その名詞句が V1 からのみ意味役割が与えられている場合である」とい
う（10a）に違反するので，使役役割 Cause を与えることはできない。同
様に，目的語名詞の“悠悠”は V2 から意味役割を与えられていないので，
（10b）により使役役割 Affectee を付与することもできない。したがって，
（13b）では意味役割関係から“淘淘”が“悠悠”を追ってその結果“淘淘”
が疲れたという（8ii）の解釈が得られる。

　（13）の 4 パターンのうち，（13c）は不可能な解釈となる。（13c）の主
語名詞“淘淘”には V1 と V2 の両方の意味役割が付与されているので，
（10a）により“淘淘”には Cause を付与することができない。また，目的
語名詞の“悠悠”には V1 からのみ意味役割が与えられているので，（10b）
により“悠悠”に Affectee を付与することもできない。（11）によれば，項
の逆転が可能となるのは，使役役割が与えられているときのみであるの
で，（13c）が図示しているような項の逆転は不可能となる。実際，（13c）
の解釈に当たる“悠悠”が“淘淘”を追ってその結果“淘淘”が疲れたとい

う意味は（8iii）からもわかるように不可能である。

　最後に，（13d）では主語名詞の"淘淘"に使役役割 Cause が与えられ，目的語名詞の"悠悠"に Affectee が与えられている。（10）から"淘淘"に Cause が与えられるのは V1 からのみ意味役割（対象）が付与されているためであり，"悠悠"に Affectee が与えられるのは V2 から意味役割（対象）が付与されているためであることがわかる。そうすると，（11）によれば，使役役割が付与されている場合は逆転した項の具現化が許されるので，（13d）で図示されているように，逆転したリンキングが可能となる。したがって，意味役割関係から（13d）の解釈は目的語の"悠悠"が主語の"淘淘"を追って"悠悠"が疲れるとなり，（8iv）の目的語が動作主として解釈される読みが得られる。なお，便宜上，以後，動作主として解釈される目的語を「動作主目的語」と言及することがある。

　Li（1995, 1999）の提案では動作主目的語が可能となるには通常の意味役割の階層性に加えて使役役割の階層性を仮定する必要がある。しかし，Li（1995, 1999）の分析には経験的・理論的問題点がいくつかある。まず，Li（1995, 1999）の使役役割は基本的に Grimshaw（1990）の英語の心理動詞の分析を援用しているが，英語の frighten のような心理動詞に見られる使役関係とは異なり，中国語の結果複合動詞では動詞が複合した時点で必然的に使役関係の意味が生まれる。Li and Thompson（1981）の結果複合動詞の定義からもわかるように，V2 は V1 の行為の結果生じる状態を示すため，V1 と V2 の間には因果関係があると言える（石村 2011）。言い換えれば，（13）のどの解釈においても V1 と V2 の間には定義上，使役関係の意味があるということである。したがって，（13b, c）のように V1 と V2 の間に使役関係が示されないのは定義からも事実からも逸脱すると言える（沈 2004）。また，Li（1995, 1999）の分析は，結果複合動詞"追累"（追う－疲れる）の議論が主であり，記述面においても不備がある。さらに，Li（1995, 1999）が仮定するリンキングルールが複雑であるという点も理論的に改善する余地がある。本書では，第 2 章において語彙概念構造を用いた分析を提案し，リンキングルールを 1 つに簡略できること，より多くのデータを説明できることを示し，先行研究よりも本分析が妥当であることを示す。

1.2.3　Her (2007)

　Li (1995, 1999) の分析を批判したものとして，Her (2007) の研究がある。Her (2007) は Li (1995, 1999) の分析に対して3つの問題点を指摘している。1点目は Theta-criterion (Chomsky 1981) を緩和する必要があるということ，2点目は c-roles が結果複合動詞にのみ適応されるため，独立した根拠がないこと，そして3点目は，使役性は Dowty (1991) の proto-agent と proto-patient を区別する上でも重要な概念であるので，通常の意味役割の階層と切り離して仮定するのは，理論上好ましくないということである。

　これらの指摘を踏まえた上で，Li (1995, 1999) とは異なり，Her (2007) は Lexical Functional Grammar (LFG) の枠組みを用いて，結果複合動詞における動作主目的語の問題を以下のようなメカニズムによって捉えることを提案している。

(14)　Causativity Assignment in Resultative Compounding:
　　　An unsuppressed role from V_{res} receives [af] iff an unsuppressed role from V_{caus} exists to receive [caus].

(15)　Resultative Compounding
　　　$V_{caus} <x\ y> + V_{res} <z> \rightarrow$
　　　$V_{caus}V_{res} <\alpha\ \beta >$, where $<\alpha\ \beta > =$ (i) $<x\ y\text{–}\cancel{z}>$
　　　(ii) $<x[caus]\ \cancel{y}\text{–}z[af]>$
　　　(iii) $<x\text{–}\cancel{z}\ y>$
　　　(iv) $<\cancel{x}\text{–}z[af]\ y[caus]>$

Her (2007: 234)

Her (2007) の分析でも重要となる概念はやはり使役役割である。(14) はその使役役割の付与の条件を示したものである。また，(15) は結果複合動詞がもちうる項構造のパターンを示したものである。(15) からもわかるように，意味役割に加えて caus (e) と af (fectee) の使役役割が項構造に組み込まれている。なお，(15) の打ち消し線 (たとえば，y–z) はその項が "Suppression" (抑制) されることを意味し，抑制された項は意味的

には存在するが，リンキングにはかかわらない。この分析では，意味役割と名詞句を厳密な1対1のリンキング関係に保つことができ，Theta-criterion（Chomsky 1981）を緩和する必要がなくなるという利点がある（Her 2007）。（14）と（15）から Her（2007）は，結果複合動詞がもちうる解釈を以下のように説明する。

(16)　Zhangsan zhui-lei　le　Lisi.
　　　　John　　　　chase-tired ASP Lee

　　a.　' John chased Lee to the extent of making him（Lee）tired. '

　　　　　< x　y–z >　　　　　　　　（non-causative）
　　　　　　S　O
　　　　　John　Lee

　　　　　< x[caus] y–z [af] >　（causative）
　　　　　　S　　　　O
　　　　　John　　　Lee

　　b.　* ' Lee chased John and he（John）got tired. '（non-existent）

　　　　　< x　y–z>
　　　　　* O　* S
　　　　　Lee　John

　　c.　' John chased Lee and（John）got tired. '

　　　　　< x–z　y>　　　　　　　　（non-causative）
　　　　　　S　O
　　　　　John　Lee

　　d.　' Lee chased John and was made tired（by John）. '

　　　　　< x–z[af]　y[caus] >　　　（causative）
　　　　　　O　　　　S
　　　　　Lee　　　　John

Her（2007: 234–235）

（16）は結果複合動詞"追累"（追う－疲れる）がもちうる可能な解釈を示したものであるが（(8)も参照），これは次の（17）の原理に依拠している。

（17）　　The Unified Mapping Principle（UMP）:

　　　　Map each argument role, from the most prominent to the least, onto
　　　　the highest compatible function available.

　　　　（*A function is *available* iff it is not linked to a role.）

Her（2007: 229）

（17）は概ね意味役割がより優位であるものが統語上より高い位置にリンクされることを表している。ここでの議論で重要なのは，なぜ動作主目的語が可能かという問題なので，（16d）がなぜ動作主目的語となることができるのかに絞って述べることとする。（16d）の項構造 < x–z[af] y[caus] > は，（14）の使役役割の付与に従い V_{res}（V2）の意味役割 <z> に af（fectee）が，V_{caus}（V1）の意味役割 <y> に caus（e）が付与されている。ここで重要なのは，動作主 <x> が抑制されているため，リンキングに関与しないことである。そうすると，意味役割 <z[af]> と <y[caus]> においてどちらが優位（prominent）であるかが語順を決定する上で重要となる。Her（2007）は，Dowty（1991）でも主張されているように，[caus] は動作主にかかわる典型的な要素であり，[af] は対象（または受動者）にかかわる典型的な要素であるので，[caus] が [af] よりも優位であると仮定し，そのため，<y[caus]> が主語 John に，<z[af]> が目的語 Lee にリンクされ，動作主目的語が可能になると分析している。

　しかしながら，Her（2007）の分析も結局は使役役割が意味役割の階層性を書き換えるという Li（1995, 1999）の分析と同じものであると言える。また，もし [caus] が動作主にかかわる典型的な要素であるとすれば，そもそもなぜ（16d）において動作主 <x> と融合されていないのか疑問が残る。さらに，Li（1995, 1999）の分析でも指摘したように，なぜ結果複合動詞に使役の解釈とそうでない解釈の区別があるのかも疑問である（（16）の "causative" と "non-causative" の区別）。また，Li（1995, 1999）の分析と同様，経験的な問題もある。たとえば，"凍死"（凍えさせる－死ぬ）などの結果複合動詞になぜ動作主目的語ができないのかについて説明ができない。"凍死"（凍えさせる－死ぬ）は "追累"（追う－疲れる）と同じ意味役割関係をもつので，Her（2007）でも Li（1995, 1999）の分析でも動作主

目的語解釈が可能であることが予想されるが，事実はそうではない（詳細は第2章）。つまり，Her（2007）の分析もまた Li（1995, 1999）の分析と同様に経験的・理論的問題が残るということである。

1.3. 双数量構文の項の文法関係

1.2節において，中国語の結果複合動詞構文では動作主が目的語となることができるということを見たが，結果複合動詞構文以外にも動作主が目的語になっていると思われる非動作主卓越構文がある。（18）のような文がこれに相当する。

(18) 一锅 饭 吃 十个 人。
　　　 一 – CL　ご飯　食べる　十 – CL　人
　　　 'ひと鍋のご飯で10人の人間が食べることができる。'

任（2005: 15）

（18）の動詞 "吃" は食べるという意味である。言うまでもなく，ご飯を食べる行為をするのは人間で物ではない。ところが，（18）では食べる行為をする人 "十个人"（10人（動作主））は，一般的な見解に反して主語位置ではなく，目的語位置に現れている。（18）タイプの構文はあまり研究されていないが，先行研究により以下の特徴があると言われている（李・范1960, 任 2005 など）。

(19) a. 双数量構文の主語名詞句と目的語名詞句は数量表現を伴わなければならない。
　　 b. 双数量構文は主語名詞句と目的語名詞句の間に数量対比関係がある。

（19）の2つの特徴に照らし合わせて（18）を見てみると，（18）の主語と目的語はそれぞれ「一」と「十」という数が指定されており，主語 "一锅饭"（ひと鍋のご飯）と目的語 "十个人"（10人）の間には，ひと鍋のご飯

は 10 人の人間が食べるのに十分であるという数量対比関係がある。このように，当該構文の主語名詞句と目的語名詞句には，数量の概念が必須であることから，以後，（18）のようなタイプの文を「双数量構文」と呼ぶ。

　英語でも同じような構文が存在し，（20）のような "Accommodation construction" がこれに相当する（Ahn and Sailor 2010）。

(20)　　This bed sleeps five people.　　　　　　　Ahn and Sailor（2010: 357）

(20) では動詞 *sleep* があり，寝る行為をする *five people* は主語ではなく目的語に現れ，そして寝る場所である *this bed* が主語に現れている。Ahn and Sailor（2010）では，（20）のような英語の構文を中国語の双数量構文と比較し，それに対応する文として分析している。しかし，Yu（2018）で指摘しているように，英語と中国語では，主語と目的語の意味関係に違いがある。英語においては，主語名詞のもつ空間を表すなどの性質と目的語名詞が表す人数との間で，主語名詞がどれくらいの人数が動詞で表される行為を行うことが可能かということを制御する意味関係がある。そして，中国語とは異なり，主語名詞が量を表す場合は，当該構文が作れない。その証拠に，食べるものと食べる人の間に見られる量の対比関係を表す *eat* は，中国語の "吃"（食べる）とは異なり，双数量構文のような文を作ることはできない（21a）。また，英語において数の対比関係がより重要であることは，（21b, c）からもわかる。（21b, c）に示されているように，数を想定する *up to* がないと，play のような動詞は非文となる（詳しくは，Yu（2018）を参照）。

(21) a.　*This large size of pizza eats four people.
　　 b.　　This card game plays up to four players.
　　 c.　*This card game plays four players.

　さて，（18）の解釈からもわかるように，双数量構文の主語名詞は，目的語名詞が動詞で表される行為をすることができる数量などを表している。このため，任（2005）は，「与える」という概念が当該構文の生起条

件であると論じ，双数量構文は動詞"给"（与える）を伴ったパラフレーズ
ができると分析している。

(22)　一锅　　饭　　给　　　十个　　人　　吃。
　　　一 – CL　ご飯　与える　十 – CL　人　　食べる
　　　'ひと鍋のご飯で 10 人の人間が食べることができる。'

　　　　　　　　　　　　　　任（2005: 22）（グロスと訳は筆者による）

たしかに，「与える」という概念は当該構文の数量対比関係をうまく捉え
ることができる。しかしながら，任（2005）の分析はそもそもなぜ双数量
構文が（18）のような語順をとるのかについての説明がされていない。

　任（2005）の記述的研究を踏まえた上で，Her（2009）は Lexical Functional
Grammar（LFG）の枠組みに基づき，項構造の動作主に ext（ent）という意
味役割が付加することで，動作主の抑制が行われ，<動作主>と<対象>
が逆転するという分析を提案している。

(23)　chi　<x̶–z　　y>
　　　IC:　　[+o]　　[−r]
　　　DC:　　[+r]
　　　　　　− − − − − − − − − − − −
　　　　　　OBJ　θ　S/O
　　　UMP: OBJ　θ　S　　　　　　　　　　　　　　　　　　Her（2009: 29）

(23) は"吃 (chi)"（食べる）を代表例とした双数量構文のメカニズムを示
している。"吃 (chi)"（食べる）の項構造 <x–z, y> に含まれる <z> は ext
（程度）を表し，この <z> が付加すると，動作主 (x) は抑制される。この
ことは，<x̶–z> のように表記されている。Her（2009）によれば，（24）に
示す Huang（1993）の "revised thematic hierarchy" があるために，（23）の
"吃 (chi)"（食べる）の項構造 <x, y> に含まれる動作主 (x) に <z> が付加
されると，（18）のような項の逆転現象が起きる。

（24）　　ag > ben > go/exp > inst > pt/th > loc/ext

（24）の階層性において，<ext> は <theme> より低い階層にある。この階層性に従うと，（23）の項構造 <x–z, y> からは y（対象）が主語に，抑制された動作主（x）を含む z（ext）が目的語に具現化される（18）の語順しか許されないことになる。（23）の動作主（x）に付加する z 項に当たる "ext"（程度）は（24）の階層性において 1 番低い位置にあるからである。このため，（23）の項構造から統語構造へ項がリンクされると，（24）の階層性で <th> よりも低い位置にある <ext> は目的語に具現化される。したがって，z 項を含む動作主（x）は目的語にしか具現化できないのである。なお，1.2.3 節でも述べたように，抑制された項は統語構造へのリンクに関与しないことに留意されたい。

　双数量構文に数量対比の意味関係があることから，量・程度を表す "ext" という意味役割を立てる必要性を認めてもよいかもしれない。しかしながら，"ext" が付くとなぜ動作主が抑制されなければならないのかという疑問は依然残る。また，Her（2009）の分析で記述面において問題となるのは，（25）に示すように，双数量構文で進行形にできないことや副詞 "剛才"（さきほど）と共起できないことなどのいくつかの事実を予測することができないということが挙げられる。

（25）a. ＊両碗　　飯　　在　　　吃　　　三个　　人。
　　　　　　二 − CL　ご飯　PROG　食べる　三 − CL　人
　　　　　　'2 杯のご飯で 3 人の人間が食べている。'
　　　b. ＊両碗　　飯　　剛才　　　吃　　　了　　三个　　人。
　　　　　　二 − CL　ご飯　さきほど　食べる　ASP　三 − CL　人
　　　　　　'2 杯のご飯で 3 人の人間がさきほど食べた。'

Her（2009）の分析は正しい語順と数量対比関係を捉えることはできるが，（25）のように当該構文が予測としては表しうる意味をなぜ表現することができないのかを説明することができない。（23）のメカニズムからはアスペクトに関する制限が見られないので，（25）の非文性を予測すること

はできない。

1.4. 存現文の項の文法関係

1.4.1 語順

　次に，非動作主卓越構文のうちの存現文における項の文法関係について見ていくことにする。存現文は英語などの Locative Inversion に相当すると思われる構文で，場所項が対象項に優先して現れる。本節で存現文の基本的な事実を確認した上で，その後，Locative Inversion と中国語の存現文における先行研究を検討する。

　存現文は中国語学で盛んに論じられている構文の 1 つである。存現文は，存在を表す"存在句"（存在文）と出現・消失を表す"隐现句"（隱現文）を包括したもので，「ある場所にあるものが存在する」という意味を表し，「場所＋動詞（＋アスペクト助詞）＋対象」の語順で現れる構文であるとされている（宋 1982a, b, 李 1986, 任 2005, 2007 など）[7]。存在文の例として中国語学でもっとも典型的なものとされているのは，(26a) のようなアスペクト助詞"着"を伴うもので，これに加えて (26b) のような単純動詞の"有"（ある）構文がある（宋 1982b）。隱現文も (26c, d) のようにアスペクト助詞を伴って現れることがもっとも典型的であるとされる（李 1986, 任 2005）。

(26) a.　门口　　站　　着　　两名　　卫兵。
　　　　門の前　立つ　ASP　二－CL　衛兵
　　　　‘門の前には 2 名の衛兵が立っている。’　　　　　宋（1982b: 62）
　　b.　门前　　有　　一棵　　老槐树。
　　　　門の前　ある　一－CL　古い槐の樹
　　　　‘門の前には古い槐の樹が 1 本ある。’　　　　　宋（1982b: 62）
　　c.　家　里　来　了　一位　　客人。
　　　　家　中　来る　ASP　一－CL　客

7　存現文は存在文と隱現文の両方を含むという文字通りの意味を捉える英語名としては，existence-(dis)appearance sentence とすることができる（于 2016b）。

　　　　'家の中には客が 1 名来ている。'　　　　　　　　　任（2005: 26）
　　d.　班　　　　里　走　　了　　　一名　　　同学。
　　　　クラス　中　去る　ASP　一－CL　クラスメイト
　　　　'クラスからクラスメイトが 1 人去った。'　　　　任（2005: 26）

（26）からわかるように，存現文は，（26b）の"有"構文を除いて動詞はア
スペクト助詞の"着"や"了"を伴って現れる（"有"構文でアスペクト助
詞が現れない理由は第 4 章で議論する）。この存現文に現れるアスペクト
助詞の性質に関しては，詳しくは第 4 章で議論するが，存現文は（26a, b）
のような存在文であれ（26c, d）のような隠現文であれ，「場所＋動詞＋対
象」の語順によって「ある場所にあるものが存在する」という意味を表す
構文であることが先行研究により明らかにされているのである（宋 1982a,
b, 李 1986, 任 2005, 2007 など）。
　　さて，存現文に現れる動詞がとる項と語順の関係性を明確にするため
に，次の例を観察されたい。

（27）　衣服　上　绣　　　着　　一朵　　　花儿。
　　　　服　　上　縫う　ASP　一－CL　花
　　　　'服の上には花模様が 1 つ縫ってある。'　　　　　　李（1986: 78）

（27）は服に花模様が縫ってあることを意味する。項の具現化と関連して
注目されたいのは，動詞"绣"（縫う）がとる意味役割である。"绣"（縫
う）が項に与える意味役割は，動作主（縫う人）と対象（縫われるもの）で
ある。また，場所の意味役割ももっていると考えられる。ただし，"绣"
（縫う）の場所項は通常付加詞として具現化される。すなわち，"绣"（縫
う）は本来（28）のような文を作ると考えられる。

（28）　张三　　在 衣服 上　绣　　了　　　一朵　　　花儿。
　　　　張三　　で　服　上　縫う　ASP　一－CL　花
　　　　'張三は服の上に花模様を 1 つ縫った。'

(28) の下線部は場所が前置詞 "在"（で）を伴って付加詞として現れることを示している。また，動作主の "张三" は主語位置に，そして対象の "一朵花儿"（1 つの花）は目的語位置に現れている。ところが，同じ "绣"（縫う）という動詞が使われている (27) のような存現文では動作主が現れず，付加詞である場所が主語に，そして対象が目的語になっている。これは (27) と (23) では対象項と場所項が逆転した形で現れていることを示している。

　存現文は英語などの Locative Inversion と呼ばれる構文と呼応してはいるものの，中国語の存現文が全く Locative Inversion と同じふるまいをするというわけではない。特に，存現文では Locative Inversion とは異なり，(27) のように受動形でない他動詞も現れることができる。以下では，中国語の存現文の先行研究をまとめる前に，まず英語などの Locative Inversion の先行研究をまとめることで，両者の相違点を浮き彫りにする。

1.4.2 Locative Inversion
1.4.2.1 語彙論的分析

　存現文と対応する次の Locative Inversion の例を観察されたい。

(29)　　Onto the ground had fallen a few leaves.　　　　Bresnan (1994: 78)

(29) からわかるように，Locative Inversion では場所 (ground) が対象 (leaves) に先行している。当該構文に関して，Bresnan (1994) と Bresnan and Kanerva (1989) は英語とチェワ語の分析から以下のような一般化を導き出している。

(30) a.　Locative Inversion に現れる動詞は <theme location> の項構造をもつ非対格自動詞であるか，または動詞の受動形である。
　　 b.　他動詞は現れない（Transitivity Restriction）。

(30) は Locative Inversion に関する一般的な制約を示したものである。Locative Inversion は談話機能上，提示機能をもつとされており（Bresnan

1994），基本的には，存在・出現を表す非対格自動詞が生起する。ここで重要なのは Locative Inversion に現れる動詞が自動詞に限られ，他動詞は現れないということである。これは Locative Inversion の意味的な特徴の 1 つである状態性に起因すると考えられる。したがって，他動詞でも結果・状態性が焦点化された (31) の受身文は Locative Inversion に現れることができる。

(31)　Among the guests of honor was seated my mother.　Bresnan（1994: 78）

Bresnan（1994）は，Locative Inversion が特異な語順となるのは，談話構造上の要請を満たすためであるとして，次のような分析を提案している。

(32)　< *th*　　*loc* >
　　　　 |　　　 |
　　　　 O　　　S
　　　focus　　　　　　　　　　　　　　　　　　Bresnan（1994: 90）

通常，<th(eme)> と <loc(ative)> の意味役割があった場合，対象項は主語として，場所項は斜格として現れる。しかし，Bresnan（1994）によれば，(29) のように倒置が起こるのは，(32) の項構造に含まれる <th> に"presentational focus"（指示的焦点）がかかるためである。Bresnan（1994）は，通言語的に見て主語は無標の談話トピックであるという前提のもとで（cf. Andrews 1985），もし，焦点が当たっている <th> が主語として具現化されると，情報構造的に矛盾が起こるので，その矛盾を回避するため，Locative Inversion では焦点の当たっていない場所が主語として具現されるという分析を提案している。

　しかし，Bresnan（1994）の分析には経験的な問題がある。Bresnan（1994）自身でも取り上げられているが，非対格自動詞以外にも活動動詞が Locative Inversion に現れることができる。活動動詞は典型的に <ag(ent)> を項にとる動詞であるため，(30a) の一般化に合わない。(33a) において動詞 *shoot* に後続する名詞 *sniper* は対象ではなく動作主である。(33b) の

動詞 *work* も通常動作主をとる動詞であるが，ともに Locative Inversion が可能である。

(33) a.　Through the window on the second story was shooting a sniper.

Bresnan（1994: 84）

　　b.　On the third floor WORKED two young women ...

Levin and Rappaport Hovav（1995: 224）

Bresnan（1994）は（33）のような文が可能となるのは，（34）で示すような "presentational overlay" という規則があるためであると主張している。

(34)　lexical a-structure:　　< *ag* >

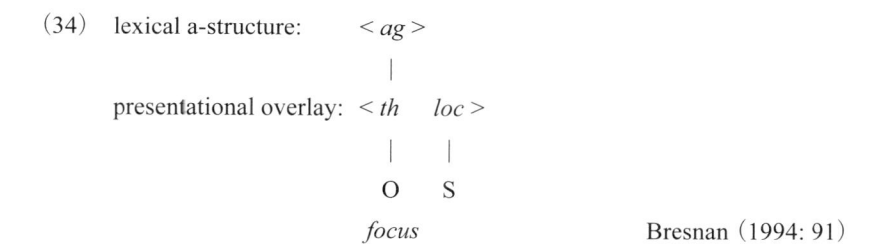

presentational overlay: < *th*　*loc* >

　　　　　　　　　　　　　O　　S

　　　　　　　　　　　　focus　　　　　　　Bresnan（1994: 91）

（34）では動作主と対象のリンクが形成されており，元の動詞の項構造に（32）の構造を重複させた形となっている。（32）で見たように，<th> に指示的焦点がかかると，Locative Inversion が可能となるので，（33）のような動作主と考えられる名詞でも，（34）のように，それが <th> とリンクしている場合は倒置が可能になる。しかしながら，小野（2005）が指摘するように，談話情報がレキシコン内の語彙情報を書き換えるということが理論上許されるかどうかという問題が残る。

　非能格自動詞でも Locative Inversion に現れることから，Levin and Rappaport Hovav（1995）は語彙論的説明を放棄し，Locative Inversion に生起する動詞は "informationally light"（情報上の軽さ）であるという機能的な分析を試みている（cf. Birner 1995）。すなわち，（33b）において動詞 *work* が生起可能なのは Locative Inversion では動詞「働く」本来の活動の意味は希薄し，働いている状態であるという <存在> の意味が前面に出

ているからだという説明である。この説明は解釈上，納得できるものだが，「情報の軽さ」という概念は曖昧であるだけでなく，結局，語順の問題を解決する手段とはなっていない。

1.4.2.2　統語論的分析

Bresnan（1994）や Bresnan and Kanerva（1989）などの語彙論的分析に対して，Coopmans（1989）は統語論的分析を提案している。Coopmans（1989）は英語に pro が許されないという絶対的な制限をやや緩和し，ある環境下では pro-drop が可能であると想定した上で，以下のような主張をしている。

(35)　pro-drop in English manifests itself roughly in the environment ...
　　　where no external θ-role is assigned in the syntax.

Coopmans（1989: 734）

(35) は外項が与えられていなければ pro-drop が可能であることを示している。Coopmans（1989）は，英語の Locative Inversion は "semi-pro-drop" 構造をなしているとし，COMP（補文標識）にある前置詞句が（随意的に）pro-drop を引き起こすため，Locative Inversion では動詞の受動形か，あるいは非対格自動詞しか許されないと主張している。なお，ここでの前置詞句は動詞に下位範疇化されているもののみを指す（Coopmans 1989: 735）。すなわち，方向や位置を表す前置詞句は pro-drop を引き起こすことができるが，一方，様態，道具，理由や時間などを表す前置詞句は引き起こすことができないということである。以上のことを形式化すると次のようになる。

(36)　Indexed $_{COMP}$ identifies 'pro': [$_i$ PP]$_{COMP}$ pro$_i$　　Coopmans（1989: 736）

(36) は補文標識に主題化された前置詞句が，それが統御する位置において pro-drop を引き起こすことができることを示している。(35) と (36) を前提として，Coopmans（1989）は，英語の Locative Inversion は次のよう

な構造をなしていると提案している。

(37)　[$_{COMP}$ PP$_i$] [e$_i$ INFL [V NP t$_i$]]$_S$　　　　　　　　Coopmans（1989: 737）

　(37) では，(36) により補文標識にあるインデックス "i" が空主語 (e) と同定されている。また，この補文標識は主語位置を下位範疇にもつ語彙的主要部として働くことができるとしている (Coopmans 1989)。そうすると，補文標識が空主語を含んでいるとすることができ (Coopmans (1989) では "cover" と呼んでいる)，INFL が主格を付与することによって，主語を動詞句内にとどめることが可能となる。したがって，動詞に後続する名詞は (格を与えられるために) 移動することなくとどまることができ，(37) の構造が示しているように，Locative Inversion の語順となるわけである。

　(37) の分析は，外項のない非対格自動詞と動詞の受動形が Locative Inversion に現れることができることを予測できるという利点がある。また，pro-drop が適用できない外項をもつ他動詞が Locative Inversion に現れることができないことも予測することが可能である。Coopmans (1989) の分析は Locative Inversion に現れる動詞制約を理論的に予測することができるという点において説明力のあるものと言えるが，この分析を中国語の存現文に応用することはできない。なぜなら，(27) でも見たように，存現文では受動形でない他動詞 ("绣"（縫う）) が現れることができるからである。他動詞は外項をもっているため，Coopmans (1989) の分析では当該構文に現れないことを予測する。そうすると，中国語の事実は説明できないことになる。これと同じことは，Bresnan (1994) などの語彙論的分析にも言えることである。中国語で他動詞が生起できるということは，Bresnan and Kanerva (1989)，Coopmans (1989)，Bresnan (1994) で分析された英語やチェワ語とは大きく異なるので，存現文には異なる説明が必要になる。

1.4.3　Pan (1996)

　前述のとおり，存現文では他動詞が現れることが可能である。この事実に加えて，存現文では動詞の直後にアスペクト助詞 ("着" と "了") が現れ

ることもよく知られている。

(38) a. 　紙　　上　　画　　着　　　一只　　　　鳥。
　　　　　　紙　　上　　描く　ASP　　一－CL　　鳥
　　　　　'紙の上には鳥が 1 羽描かれている。'
　　b. 　路　　上　　倒　　　了　　　一棵　　　樹。
　　　　　　道　　上　　倒れる　ASP　　一－CL　　木
　　　　　'道の上には木が 1 本倒れている。'

(38) はどちらも存現文の例であるが，(38a) では一般に継続を表すアスペクト助詞 “着” が現れており，(38b) では完了を表す “了” が現れている。Pan (1996) はこれらのアスペクト助詞に着目し，存現文で他動詞が生起できるのはアスペクト助詞 “着” によって動作主が取り除かれるからであるという分析を提案している。Pan (1996) は，動作主を消すという操作を “*zhe* operation” と呼び，(39) のように規定している（ただし，アスペクト助詞 “了” にはこの操作がないとしている）。

(39)　*zhe* operation: <agent, theme, location> → <theme, location>
　　　The *zhe* operation applies if
　a.　the verb in question is an accomplishment verb with the argument structure: <agent, theme, location>,
　b.　the location is predicated of the theme, and
　c.　the sentence in question is [-stative]

Pan (1996: 428)

　(39) は “*zhe* operation” によって，動詞の項構造が <agent, theme, location> から動作主が削除され，<theme, location> になることを示している。(39a) は “*zhe* operation” が <agent, theme, location> の項構造をもつ達成動詞に適用されることを示している。(39b) は <location> が <theme> と述語関係にあることを示している。さらに，(39c) は，“*zhe* operation” が適用される文は [-stative]，つまり非状態的であることが条件になっている

ことを示している。

　以上のことを (38a) に当てはめると，本来は＜動作主＞(描く人)，＜対象＞(描かれるもの)，そして付加詞として＜場所＞(描く場所) を項にとる (38a) の他動詞 "画" (描く) は，"*zhe* operation" により＜対象＞と＜場所＞を項にとる述語に変換されるということになる。この分析は，Locative Inversion に現れるのは ＜theme, location＞ の項構造をとる動詞であるという Bresnan and Kanerva (1989) と Bresnan (1994) の分析と基本的に同じタイプの分析であると言えるであろう。

　Pan (1996) の分析には経験的・理論的問題がある。第一に，動作主を取り除くという操作だけでは＜場所＞が＜対象＞よりも高い位置に具現化されることを保証できない。そのため，(39) のように場所項が対象項よりも高い位置に生成されることを条件として記述する必要があり，メカニズムを簡略化できるという点において議論の余地がある。第二に，なぜ自動詞でも他動詞と同じ語順になるのかを説明できない。第 4 章で詳しく議論するように，非対格自動詞と非能格自動詞でもアスペクト助詞は存現文では必須の要素である。そうすると，経験的側面から非対格自動詞でも非能格自動詞でもアスペクト助詞による働きかけがあることが示唆されるが，Pan (1996) の分析ではアスペクト助詞による働きかけは他動詞に限られているので，不明確となる。第三に，他動詞，非能格自動詞そして非対格自動詞が，一貫してそれらの動詞がもつ行為連鎖における行為や変化を修飾できないという事実を捉えることができない (「行為連鎖」については，影山 (1996) を参照されたい)。特に，動作主を消すという分析では，動作主をもたないとされている非対格自動詞が他動詞や非能格自動詞と同じ行為連鎖上の現象を示すことに対して，説明を与えるのは困難である (詳しくは第 4 章を参照)。これと同様の問題点は，light verb が場所句を主語位置に導入するとする Lin (2008) の統語論的分析にも当てはまる。Lin (2008) の分析は，場所が主語にくる存現文の語順は説明できるが，動詞が本来もつ意味の一部を修飾できなくなることは予測しないからである。他方，第 4 章で議論するように，本書の語彙概念構造に基づく分析ではそのような事実を無理なく説明できる。

1.5.　語彙概念構造と項の具現化

　「まえがき」でも少し触れてはいるが，本節では，第 2 章以降で本書
が依拠する語彙概念構造（LCS）の基本的な概念について，もう少し具体
的に導入しておく。語彙概念構造とは，動詞の意味は語彙分解すること
によって形成されると考える理論体系である。この方法論は，60 年代後
半に盛んに議論された生成意味論や Dowty（1979）の影響を受けており，
Jackendoff（1983, 1990），Rappaport Hovav and Levin（1988, 1998），影山
（1996），Randall（2010）などで提唱されている考え方である。たとえば，
kill という動詞を例にとると，その LCS は（40）のように記述できる。

(40)　kill:
　　　[EVENT [EVENT x DO ON y] CAUSE [EVENT y BECOME [STATE y BE DEAD]]]
　　　　　　　　　　　　　　　　　　　　　　　（x=agent, y=theme）

（40）は *kill* の（概念的な）意味が意味述語（あるいは，概念）DO,
BECOME, BE などを組み合わせることにより表されることを示してい
る。DO（ON）は行為あるいは働きかけ，BECOME は変化，BE は状態を
意味しており，CAUSE は使役の意味を表す関数である。これらの意味述
語はそれぞれ x や y で表される変項を項にとる。たとえば，（40）では,
DO は x を項に，BECOME と BE は y を項にとっている。これらの項は
単に事象の参与者の数を表すのではなく，（1）で見たような意味役割の
意味内容も示している。たとえば，通常，DO がとる x 項は（意味役割で
言う）動作主，BECOME や BE がとる y 項は対象に当たる。このように,
LCS では意味役割は原則として仮定されておらず，意味述語から派生さ
れるものとして考えられているのである（Jackendoff 1987, Rappaport and
Levin 1988, Ravin 1990）。また，（40）の DEAD に当たる述語は具体的な
（結果）状態を表し，一般に定項と呼ばれる（影山 1999）。以上から，（40）
は誰か（x）が誰か（y）に働きかけて y が死ぬという状態になるという意
味を表していることになる。
　Levin（1985: 1–4）が述べているように，語彙意味論の最大の関心事は

項の具現化にまつわる問題である。影山（1996）や Randall（2010）などで提案されているように，語彙概念構造を用いる枠組みでは，項の具現化は項構造を介して語彙概念構造から統語構造へ行われるものとして考えられている。このことを図示すると（41）のようになり，本書でもこの考えを踏襲する。

(41)　語彙概念構造　→　項構造　→　統語構造

（41）の図式では，まず，LCS から最終的に統語構造に具現化される項が項構造へ受け継がれる。次に，LCS が表す意味役割情報を継承した項が項構造から統語構造へとリンクされる（項のリンキング）。このことを *break* を使って'*John broke the window.*'で対応づけると（42）のようになる（Randall 2010）。

(42) a.　John broke the window.

b.　[EVENT [EVENT x DO ON y] CAUSE [EVENT y BECOME [STATE y BE BROKEN]]]

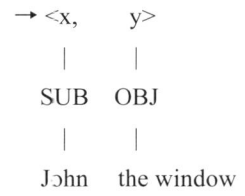

$$\to <x, \quad y>$$

$$\quad | \qquad |$$

SUB　OBJ

$$\quad | \qquad |$$

John　the window

（x=agent, y=theme）

（42）は LCS の変項 x と y が項構造へと継承され，それぞれが主語 *John* と目的語 *the window* にリンクされることを表している。（40）からわかるように，LCS にある変項が具現化される際には構造上の制約がある。それは項の順位である。LCS 上でより高い位置にある項は項構造でも統語構造でもより高い位置となる。（42）の LCS において，x は y よりも高い位置にあるので，x は主語に y は目的語に具現化されるのである。

　LCS はしばしば（43）の 4 つの雛形に大別される。この 4 つの雛形は

Vendler（1967）のアスペクト分類を反映しており，（43）は順に Vendler
（1967）の状態（stative），活動または行為（action），到達（achievement），
達成（accomplishment）にそれぞれ相当する。

（43）a.　stative

　　　　[STATE y BE AT z]

　　b.　action

　　　　 [EVENT x DO（ON y）]

　　c.　achievement

　　　　[EVENT（y）BECOME [STATE y BE AT z]]

　　d.　accomplishment

　　　　[EVENT [EVENT x DO] CAUSE [EVENT y BECOME [STATE y BE AT z]]]

LCS の記述方法は研究者によって多少の差異があるが，基本的に上の 4
つのアスペクトに基づくものであることには変わりない。（43）の LCS は
それぞれ以下のことを表している。まず，AT は物理的な位置または抽象
的な状態を表す意味述語である（影山 1996）。（43a）の状態を表す LCS は
何か（y）がある状態（STATE）にある，またはある場所に存在していると
いう意味を記述している。（43b）の活動を表す LCS は誰か（x）がある行
為をするという意味を表している。活動を表す動詞には，「跳ぶ」のよう
な自動詞も「殴る」のような他動詞も現れる。自動詞の場合は項が 1 つ
しかないので，[EVENT x DO] と表され，他動詞の場合は行為者と行為を被
るものがあるので，[EVENT x DO ON y] と表される。（43b）では活動動詞
に自動詞も他動詞も現れることを [EVENT x DO（ON y）] のように表記して
いる。（43a）に変化を表す BECOME が加わったのが（43c）の到達を表す
LCS である。この BECOME は，変化前の存在が認識されるかどうかとい
う点において 2 通りの LCS が可能となる。「花瓶が割れた。」のように変
化前の姿が認識できる場合は，BECOME は y を項にとる。「ニキビがで
きた。/ お化けが現れた。」などの出現・発生を表す場合は，y 項はとらな
い。このことは（y）として表記している（金水 1994, 影山 1996）。そして，
活動と到達を合わせた形となるのが（43d）の達成を表す LCS である。こ

れには状態変化の他動詞や位置変化の他動詞などが相当する。このように，LCS は動詞が表す分解された概念的意味によって記述される。実際に動詞はその意味（分類）に合う形で (43) の 4 つのどれかの雛形に集約されることになる。

　以下，本書の議論で重要となるものを中心に，異なる意味タイプを表す動詞がそれぞれ (43) のどの雛形に振り分けられるかを代表例とともに挙げておく（第 4 章 4.3.2 節も参照）。

(44) a.　stative

　　　　存在動詞（「いる」，「ある」など）

　　　　[STATE [y BE AT z]]　　　　　　　　　　　　　（y=theme, z=location）

　　 b.　action

　　　　活動動詞，接触・打撃動詞（「跳ぶ」，「殴る」など）

　　　　[EVENT x DO (ON y)]　　　　　　　　　　　　（x=agent, y=theme）

　　 c.　achievement

　　　　出現・発生動詞（「現れる」，「起こる」など）

　　　　[EVENT BECOME [STATE y BE AT z]]　　　　　　（y=theme, z=location）

　　 d.　accomplishment

　　　　(i) 状態変化動詞（「殺す」，「壊す」など）

　　　　[EVENT [EVENT x DO] CAUSE [EVENT y BECOME [STATE y BE AT z]]]

　　　　　　　　　　　　　　　　　　　　　　　　（x=agent, y=theme）

　　　　(ii) 位置変化動詞（「置く」，「掛ける」など）

　　　　[EVENT [EVENT x DO] CAUSE [EVENT y MOVE [STATE y BE AT z]]]

　　　　　　　　　　　　　　　　　　（x=agent, y=theme, z=location）

もちろん，(44) の他にも動詞にはさまざまな意味分類がある。詳しいことはそれぞれの章で導入していく。

　以上，本節では語彙概念構造の概要を述べてきた。次章以降では，これらの概念を念頭に置いた上で議論が進んでいくことになる。

1.6. まとめ

項の具現化でしばしば議論される意味役割の階層性に関して，中国語も基本的にはこれに従った形で項の具現化が行われるものの，その一方で，非動作主卓越構文では，意味役割の階層性に反する形で項の具現化が行われる。具体的には結果複合動詞構文，双数量構文，存現文がこれに当たる。本章では，これらの構文における記述的・理論的な先行研究を概観し，それぞれ記述面においても理論面においても問題点があることを指摘した。以降，第 2 章，第 3 章，そして第 4 章で，結果複合動詞構文，双数量構文，存現文の順に議論し，各章で提案する分析が先行研究では捉えられない事実を無理なく説明できることを論じる。

第2章

結果複合動詞構文

2.1. はじめに

　第1章で議論したように，非動作主卓越構文のうちの結果複合動詞構文では3通りの解釈が存在し，そのうちの1つで動作主が目的語になることができる。(1)に示すように，"追累"（追う－疲れる）のような結果複合動詞がこれに当たる。

(1)　　淘淘　追累　　　　　了　　悠悠。
　　　　淘淘　追う－疲れる　ASP　　悠悠
　　　(i)　　'淘淘が悠悠を追ってその結果悠悠が疲れた。'
　　　(ii)　 '淘淘が悠悠を追ってその結果淘淘が疲れた。'
　　　(iii)＊'悠悠が淘淘を追ってその結果淘淘が疲れた。'
　　　(iv)　'悠悠が淘淘を追ってその結果悠悠が疲れた。'

(1)は"追累"（追う－疲れる）に3通りの解釈があり，そのうち(1iv)では目的語に動作主の解釈があることを示している。(1iv)では，本来主語に具現されるはずの動作主は目的語名詞である"悠悠"に具現されていることになる。このことは，動作主であればいつも主語になるという一般的な見解に反する。

　本章の目的は(1)のパラダイムを説明し，結果複合動詞構文に動作主目的語が可能となるメカニズムを明らかにすることである。本論では，(1)

は「項 α に対象（theme）の解釈があるときに限り，項 α は目的語に（内項
として項構造に）具現化される（ただし，主語（外項）がなければならな
い）」という本章で提案するリンキングルールから説明されることを示す。
このルールにより（1iii）が許容されない解釈となるのは目的語に動作主
（追う人）の解釈しか与えられていないからだと説明できる。一方，（1i, ii,
iv）ではそれぞれ目的語に対象（追われる人 / 疲れる人）が与えられている
ので許容される解釈となる。

　本章では議論を以下のように進める。まず，2.2 節で先行研究の具体的
な問題点を指摘する。2.3 節では（1）のような構文で実際に動作主が目的
語に具現されていることを統語的に確かめた上で，語彙概念構造（LCS）
による分析を提案し，本分析が先行研究の問題点を解決できることを示
す。さらに，本章で提案する分析が（1）の“追累”（追う－疲れる）型だけ
でなく，自動詞＋自動詞型そして 3 項動詞＋自動詞型の結果複合動詞で
も有効に働くことを示していく。2.4 節はまとめである。

2.2.　先行研究の問題点

　Li and Thompson（1981）で議論されているように，結果複合動詞
（Resultative Verb Compounds）は，（2）のように規定され，一般に，結果
複合動詞は，行為などを表す前項動詞（V1）と，前項動詞が表す行為など
から得られる結果を表す後項動詞（V2）から形成される[1]。

1　結果複合動詞は“追累”（追う－疲れる）のような V2 が V1 の行為の結果状態を表
すタイプだけでなく，“唱完”（歌う－終わる）のような V2 が V1 の行為の完成などを
表すタイプと，“走来”（歩く－来る）などの V2 が V1 の行為の方向を表すタイプがあ
る（Lu 1977, Li and Thompson 1981, 刘（他）1983, Packard 2000）。これらのタイプにお
いては，それぞれの意味的・形態的特徴に異なる点が見られるが（于 2016a），本書で
は，“追累”（追う－疲れる）のようなタイプの結果複合動詞に限って議論を進めてい
く。目的語に動作主の解釈が可能なのは，このタイプに限られるからである。その理由
ももちろん本章で提案する仮説から説明することができる。本章で詳しく議論するよう
に，結果複合動詞で目的語に動作主の解釈が可能なのは，V1 の動作主と結果状態を表
す V2 の対象が意味的に同定できる場合に限られる。このような同定は，“追累”（追う
－疲れる）型の結果複合動詞にしかできない。

(2)　　A two-element verb compound is called a resultative verb compound if
　　　the second element signals some *result* of the action or process conveyed
　　　by the first element. There are several different kinds of results that can
　　　be expressed by and RVC.　　　　　　　Li and Thompson（1981: 54–55）

　たとえば，"追累"（追う－疲れる）においては，V1 の"追"（追う）は
行為，V2 の"累"（疲れる）は追いかけた結果の状態を表している。この
"追累"（追う－疲れる）は，第 1 章でも議論したように目的語に動作主の
解釈を与えることができ，Li（1995, 1999）と Her（2007）は使役役割（階
層性）を仮定することで動作主が目的語に具現化ができるようになると
分析している。Li（1995, 1999）では意味役割の階層性に加えて，cause と
affectee で構成される使役役割構造を仮定し，動作主目的語が可能となる
のは，この使役役割構造が意味役割の階層性に優先するからであるとして
いる。第 1 章の 1.2.2 節でも議論したように，(1) で cause と affectee の使
役役割関係が割り当てられるのは (1i) と (1iv) に限られる（詳しくは第 1
章の 1.2.2 節を参照）。したがって，cause と affectee の使役役割関係がな
い (1iii) の目的語に動作主の解釈を与えることはできないことになる。一
方，(1iv) では使役役割関係があるので，目的語に動作主の解釈が割り当
てられてもよい。もちろん，動作主と対象の逆転のない (1i) と (1ii) は可
能な解釈となる。
　しかし，彼らの分析では以下に示す例を説明できない。結果複合動詞に
は"追累"（追う－疲れる）のような他動詞＋自動詞型以外に自動詞＋自動
詞型もある。その場合でも (3) に示すように，動作主目的語が可能である。

(3)　　这双　　鞋　走累　　　　了　妈妈。
　　　こ－CL　靴　歩く－疲れる　ASP　お母さん
　　　'この靴がお母さんを歩き疲れた。'（この靴のせいで，お母さんが
　　　歩いて疲れた。）

(3) の"走累"（歩く－疲れる）は自動詞＋自動詞の構造をもつ結果複合動
詞である。この場合も目的語の"妈妈"（お母さん）に"走"（歩く）の動作

主としての読みが可能であることから，（3）もまた動作主目的語構文とみなすことができる。Li（1995, 1999）の分析では（3）のような文は説明できない。なぜなら，（3）の主語名詞"这双鞋"（この靴）は V1（"走"）の項でも V2（"累"）の項でもないため，V1 と V2 がとる意味役割を組み合わせるだけでは説明できないからである（cf. 熊・魏 2014）。

　さらに，Li（1995, 1999）と Her（2007）の分析は"追累"（追う−疲れる）と同じ他動詞＋自動詞型の結果複合動詞（4）の説明に対しても問題が生じる。

(4)　　張三　冻死　　　　　　了　　李四。
　　　　張三　凍えさせる−死ぬ　ASP　李四
　　　(i)　　'張三が李四を凍えさせてその結果李四が死んだ。'
　　　(ii)　*'張三が李四を凍えさせてその結果張三が死んだ。'
　　　(iii)　*'李四が張三を凍えさせてその結果張三が死んだ。'
　　　(iv)　*'李四が張三を凍えさせてその結果李四が死んだ。'

（4）の"冻死"（凍えさせる−死ぬ）は"追累"（追う−疲れる）と同じく他動詞＋自動詞を内部構造にもつ結果複合動詞である。Li（1995, 1999）や Her（2007）の分析が正しいとすると，（4）においても"追累"と同様，動作主目的語解釈ができると予想されるが，事実は異なる。（4）で可能な解釈は，主語の張三が目的語の李四を凍えさせてその結果李四が死んだというものだけである。（4ii, iii, iv）が非文となる原因が語用論など別の理由によるものと考えることもできるが，Li（1995, 1999）と Her（2007）の分析では説明できない。

　以下では LCS を用いた代案を提示し，この代案が Li（1995, 1999）や Her（2007）の問題を無理なく解決できることを示す（Yu 2012, 于 2015）。より具体的には，（3）のような自動詞＋自動詞型の結果複合動詞構文で動作主目的語が可能であるのに対し，（4）のような文でそれが不可能なのは，（3）タイプと（4）タイプの構文が異なる LCS をもつことに由来すると論じる。

2.3. 提案

2.3.1 語順

　具体的な議論に入る前に，まず（1）のような結果複合動詞構文において実際に動作主が目的語になっていることを確かめておきたい。

　項の文法関係を決めるテストには reflexive binding（再帰代名詞束縛）などがあり，Tan（1991）や Huang et al.（2009）などでも主張されているように，一般に，再帰代名詞の"自己"（自分）を束縛できるのは主語のみである。

(5)　　小王$_i$　告诉　　田中$_j$　　小李$_k$　喜欢　自己$_{i/*j/k}$。
　　　　王さん　知らせる　田中さん　李さん　好き　自分
　　　　'王さんは田中さんに李さんは自分のことが好きだと言った。'

（5）が示すとおり，"自己"（自分）の先行詞は主節の主語"小王"（王さん）と埋め込み節の主語"小李"（李さん）に限られ，目的語の"田中"（田中さん）は先行詞になれない。もし，動作主目的語構文において動作主が単に倒置された主語であるならば，（6）の"悠悠"は"自己"（自分）の先行詞になれると予測されるが，実際は可能ではない。

(6)　　淘淘$_i$　在自己$_{i/*j}$的院子里　追累　　　　了　　悠悠$_j$。
　　　　淘淘　　自分の庭で　　　　追う－疲れる　ASP　悠悠
　　　　（ i ）'淘淘が淘淘の庭で悠悠を追ってその結果悠悠が疲れた。'
　　　　（ ii ）'淘淘が淘淘の庭で悠悠を追ってその結果淘淘が疲れた。'
　　　　（ iii ）'悠悠が淘淘の庭で淘淘を追ってその結果悠悠が疲れた。'

（6i, ii, iii）は結果複合動詞の可能な 3 つの解釈のうちのどの解釈でも"自己"（自分）の先行詞になるのは"淘淘"だけであることを示している。特に，（6iii）の動作主目的語の解釈で，動作主として解釈される"悠悠"が再帰代名詞"自己"（自分）の先行詞になれないということは，動作主"悠悠"が主語でないことを示している。すなわち，再帰代名詞束縛による主

語テストから（6）の結果複合動詞構文では，動作主と解釈される"悠悠"
が主語として機能していないことがわかる。

　（1）の結果複合動詞構文で動作主として解釈される"悠悠"が主語とし
て機能していないことは possessor relativizing（所有者関係節化）からもわ
かる（Keenan 1976）。（7）と（8）に示すように，中国語では所有者関係節
化ができるのは主語のみである（Tan 1991）。（8b）のように目的語名詞句
内から所有者名詞句を関係節化することはできない。

(7) a. 这些人 　 的 　 子女 在 　 Stanford 上 　 学。
　　　 これらの人 　 GEN 　 子女 で 　 Stanford 通う 学校
　　　 'これらの人の子女は Stanford に通っている。'

　　 b. Stanford 录取 　 ·了 　 这些人 　 的 　 子女。
　　　 Stanford 採用する ASP 　 これらの人 　 GEN 　 子女
　　　 'Stanford はこれらの人の子女を受け入れた。'

(8) a. ［φ$_i$子女 在 Stanford 上 　 学 的］ 人$_i$
　　　　　 子女 で 　 Stanford 　 通う 学校 GEN 人
　　　 '子女が Stanford に通っている人。'

　　 b. *［Stanford 录取 　 了 　 φ$_i$子女 的］ 人$_i$
　　　　　 Stanford 採用する ASP 　 子女 GEN 人
　　　 'Stanford が受け入れた子女の人。'

Tan（1991: 32）

（7）にある所有者名詞句"这些人的子女"（これらの人の子女）は（7a）で
は主語であり，（7b）では目的語である。（8）の対比から，このうち，所
有者を関係節化できるのは所有者名詞句を含む名詞句が主語にある（7a）
に限られることがわかる。

　これと同じことは結果複合動詞構文でも観察される。もし，（9b）の結
果複合動詞構文で動作主の解釈がある"悠悠的妹妹"（悠悠の妹）が主語と
して機能しているならば，所有者関係節化ができることが予測されるが，
（10b）に示すとおり，実際にはできない。

(9) a. 淘淘的弟弟　追累　　　　了　悠悠。

　　　　淘淘の弟　　追う－疲れる　ASP　悠悠

　　　(i)　　'淘淘の弟が悠悠を追ってその結果悠悠が疲れた。'

　　　(ii)　'淘淘の弟が悠悠を追ってその結果淘淘の弟が疲れた。'

　　　(iii)＊'悠悠が淘淘の弟を追ってその結果淘淘の弟が疲れた。'

　　　(iv)　'悠悠が淘淘の弟を追ってその結果悠悠が疲れた。'

　　b. 淘淘　追累　　　　了　　悠悠的妹妹。

　　　　淘淘　追う－疲れる　ASP　　悠悠の妹

　　　(i)　　'淘淘が悠悠の妹を追ってその結果悠悠の妹が疲れた。'

　　　(ii)　'淘淘が悠悠の妹を追ってその結果淘淘が疲れた。'

　　　(iii)＊'悠悠の妹が淘淘を追ってその結果淘淘が疲れた。'

　　　(iv)　'悠悠の妹が淘淘を追ってその結果悠悠の妹が疲れた。'

(10) a. [ϕ_i弟弟　追累　　　　了　　悠悠　的]　　淘淘$_i$。

　　　　　　弟　　追う－疲れる　ASP　悠悠　GEN　淘淘

　　　(i)　　'弟が悠悠を追って悠悠が疲れた淘淘。'

　　　(ii)　'弟が悠悠を追って弟が疲れた淘淘。'

　　　(iii)　'悠悠が弟を追って悠悠が疲れた淘淘。'

　　b. ＊[淘淘　追累　　　　了ϕ_i　妹妹　的]　　悠悠$_i$。

　　　　　淘淘　追う－疲れる　ASP　　妹　　GEN　悠悠

　　　(i)　　'淘淘が妹を追って妹が疲れた悠悠。'

　　　(ii)　'淘淘が妹を追って淘淘が疲れた悠悠。'

　　　(iii)　'妹が淘淘を追って妹が疲れた悠悠。'

(9a) と (10a) は所有者名詞句 "淘淘的弟弟"（淘淘の弟）から所有者 "淘淘" を関係節化できることを示している。一方，(9b) と (10b) は所有者名詞句 "悠悠的妹妹"（悠悠の妹）から所有者 "悠悠" を関係節化できないことを示している。また，このことは結果複合動詞 "追累"（追う－疲れる）に可能なすべての解釈で成り立つ。ゆえに，(9aiv) と (9biv) で動作主の解釈がある "悠悠" と "悠悠的妹妹"（悠悠の妹）はどちらも主語として機能していないことになる。すなわち，(9) と (10) の所有者関係節化からも通常主語に具現化される動作主がここでは主語になっていないこと

がわかるのである。

　さらに，(1) の"悠悠"が統語的に目的語であることは"把"構文を見ることにより確かめることができる[2]。Huang et al. (2009) でも主張されているように，"把"構文に後続する名詞は目的語に限られるからである。たとえば，(11) の"杯子"（グラス）は目的語なので"把"に後続できる。

(11)　　張三　把　　杯子　　打坏　　　　了。
　　　　張三　BA　グラス　打つ‒壊れる　ASP
　　　　'張三はグラスを壊した。'

結果複合動詞構文も同様に"把"構文を作ることができる。

(12)　　淘淘　把　　悠悠　追累　　　　　了。
　　　　淘淘　BA　悠悠　追う‒疲れる　ASP
　　　　(ⅰ)　'淘淘が悠悠を追ってその結果悠悠が疲れた。'
　　　　(ⅱ)　'悠悠が淘淘を追ってその結果悠悠が疲れた。'

通常，"把"に後続する名詞は"Affected"（影響を受けるもの）とされているため（王 (1954)，Chao (1968) などでは"disposal"と呼ばれている），結果複合動詞で可能な3つの解釈のうち，主語の"淘淘"が疲れる（すなわち，淘淘が疲れるという影響を受ける）という解釈は (12) の"把"構文にはない。そのため，結果複合動詞の"把"構文では (12i) と (12ii) の2つの解釈のみが可能である。このうち，(12ii) の解釈では"把"に後続する"悠悠"が動作主であり，それが目的語として機能している。

　(6, 9, 10) と (12) の事実から，結果複合動詞構文で実際に動作主が目的語に具現されていることが確かめられた。また，中国語が厳格な SVO 語

2　"把"の扱いについては多くの論争があり，機能範疇とする立場（Zou 1993, Sybesma 1999），動詞とする立場（Hashimoto 1971, Ross 1991, Yang 1995, Bender 2000），格のマーカーとする立場（Goodall 1987, Huang 1992），前置詞とする立場（Huang 1982, Li Audrey 1990, McCawley 1992），そして"coverb"とする立場がある（Li and Thompson 1981）。ここではこの論争には立ち入らないこととする。

順であることから，(1) の結果複合動詞構文がいずれの解釈においても
SVO 語順になることが推察される。以上の事実を念頭に置いた上で，以
下では語彙概念構造（LCS）による分析を提案する。

2.3.2　LCS 分析

　結果複合動詞構文はある行為をした結果何らかの（結果）状態が生じる
という意味を表すので，その意味関係は前項動詞と後項動詞の語彙概念構
造が CAUSE 関数で結ばれる形で表すことができる。(13) は結果複合動
詞 "追累"（追う－疲れる）の語彙概念構造を示している。

(13) a.　"追": [$_{EVENT}$ x DO ON y]
　　 b.　"累": [$_{EVENT}$ y BECOME [$_{STATE}$ y BE TIRED]]
　　 c.　"追累": [$_{EVENT}$ x DO ON y] **CAUSE** [$_{EVENT}$ y BECOME [$_{STATE}$ y BE
　　　　　　TIRED]]

(x=chaser, y=chasee, y=tiree)

(13) からわかるように，"追累"（追う－疲れる）の LCS は "追"（追う）
の LCS と "累"（疲れる）の LCS を組み合わせたものからなる。"追"（追
う）と "累"（疲れる）のそれぞれの LCS (13a) と (13b) が合成されると，
V1 と V2 の間に因果関係が生まれ（Li and Thompson 1981），使役を表す
(13c) が形成され，追うという行為をした結果疲れるという状態になると
いう意味を表すことになる。結果複合動詞を形成すると (13c) のような
LCS になることは時間副詞のふるまいからわかる。(13c) からわかるよう
に，"追"（追う）の LCS は第 1 章で議論したところの活動アスペクトに，
結果状態 "累"（疲れる）を含む "追累"（追う－疲れる）の LCS は達成ア
スペクトに相当する。通常，活動アスペクトは未完結を表す "一个小时"
（1 時間）などの副詞句と共起し，完結を表す "花了一个小时"（1 時間で）
などの副詞句とは共起しない (14)。

(14) a.　张三　　追　　　了　　　一个小时　　李四。
　　　　　張三　　追う　ASP　　一時間　　　李四

　　　　‘張三が李四を１時間追いかけた。’
　　b.＊張三　花了一个小时　追　　了　　李四。
　　　　張三　一時間で　　　　追う　ASP　李四
　　　　‘張三が１時間で李四を追いかけた。’

　もし，（13c）で“追累”（追う‐疲れる）が達成アスペクトを表すようになるのであれば，完結を表す“花了一个小时”（1時間で）のような副詞句と共起できるようになることが予測される。達成アスペクトは完結性があるからである。（15）に示すとおり，この予測はまさに正しい。

（15）　張三　花了一个小时　追累　　　　了　　李四。
　　　　張三　一時間で　　　　追う‐疲れる　ASP　李四

　（14）と（15）の事実から結果複合動詞では達成アスペクトを表す（13c）のようなLCSが記述されることがわかる。なお，通常（13c）のLCSに含まれる意味述語DOがとる項 x は動作主，ON, BECOME, そしてBEがとる項 y と y は対象を表すとされている（Jackendoff 1987, Rappaport Hovav and Levin 1988, Ravin 1990）。すなわち，（13c）の x は追う人，y は追われる人，そして y は疲れる人を示すことになる。便宜上，ここではV1の対象を y そしてV2の対象をイタリックの y で表記する。
　（1）でも示したように，“追累”（追う‐疲れる）には論理的に４つの解釈があり，そのうちの３つが可能な解釈になる。Li（1995, 1999）とHer（2007）とは異なり，本論は（1）を以下のように説明する。（17, 18）は（16）=（13c）のLCSから生成される論理的に可能なリンキングを示している。

（16）　$[_{\text{EVENT}}$ x DO ON y] **CAUSE** $[_{\text{EVENT}}\, y$ BECOME $[_{\text{STATE}}\, y$ BE TIRED]]
（17）a.　$<x_i, y_j>, <y_{ij}>$
　　b.　$<x, y/y>$ or $<x/y, y>$

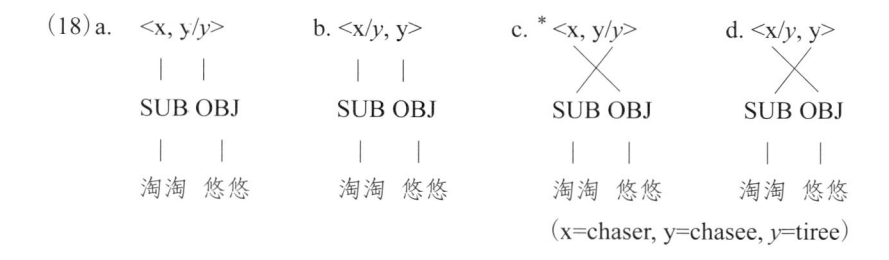

(18) a. <x, y/*y*>   b. <x/*y*, y>   c. *<x, y/*y*>   d. <x/*y*, y>

(x=chaser, y=chasee, *y*=tiree)

(16) の LCS からは，(17a) の項構造 <x$_i$, y$_j$>, <*y$_{ij}$*> が形成される。前者は V1，そして後者は V2 の項構造である。インデックス *i* と *j* により V2 の項 *y* が V1 のいずれかの項と同定され，(17b) の 2 つの項構造が形成される（これは，結果複合動詞構文が最大で 2 項までしか許さないからである。詳しくは，2.3.5 節を参照）。1 つは，V2 の対象（疲れる人）と V1 の対象（追われる人）が同定された項構造 <x, y/*y*> となり，もう 1 つは，V2 の対象（疲れる人）と V1 の動作主（追う人）が同定された項構造 <x/*y*, y> となる。Li（1995, 1999）でも議論されているように，結果複合動詞ではこの 2 つの項構造から論理的に可能なリンキングは (18a, b, c, d) のように 4 つある。この 4 つのリンキングから得られる解釈は，それぞれ順に (1i, ii, iii, iv) に対応する。そのうち，(18c) は不可能なリンキングになる。(18a) では，主語"淘淘"に動作主 (x)（追う人）が，目的語"悠悠"に対象 / *対象* (y/*y*)（追われる人 / 疲れる人）という意味があるので，"淘淘"が"悠悠"を追ってその結果"悠悠"が疲れるという解釈となる (1i)。(18b) では主語"淘淘"に動作主 (x)（追う人）と*対象* (*y*)（疲れる人）が，そして目的語"悠悠"に対象 (y)（追われる人）という意味が与えられているので，"淘淘"が"悠悠"を追ってその結果"淘淘"が疲れるという解釈となる (1ii)。(18c) では主語"淘淘"に対象 / *対象* (y/*y*)（追われる人 / 疲れる人），目的語"悠悠"に動作主 (x)（追う人）の意味が与えられ，(1iii) の不可能な解釈となる。最後に，(18d) では主語"淘淘"に対象 (y)（追われる人），そして目的語"悠悠"に動作主 / *対象* (x/*y*)（追う人 / 疲れる人）という意味があるので，"悠悠"が"淘淘"を追ってその結果"悠悠"が疲れるという (1iv) の解釈になる。

Li（1995, 1999）と Her（2007）は (18) から得られる (1i, ii, iii, iv) の解釈

を説明するために，使役役割を含んだ複雑なリンキングルールを提案する（第 1 章 1.2.2 節と 1.2.3 節を参照）。これに対して，本論では複雑なリンキングルールを想定する必要はなく（19）のような単純なリンキングルールから事実を説明できることを示す。

(19)　項 α に対象（theme）の解釈があるときに限り，項 α は目的語に（内項として項構造に）具現化される（ただし，主語（外項）がなければならない）。

(19) は，ある項が対象であることが，その項が目的語位置にリンクされるための必要条件であることを表している。したがって，(19) から排除されるリンキングパターンは，対象でない項が目的語位置へとリンクされる場合となる。これは，まさに (18c) の不可能なリンキングを表しており，(1iii) の解釈はありえないことを示している。(1iii) では目的語の "悠悠" に動作主の解釈しか与えられていないので，(19) に違反するわけである。

　対照的に，(18a, b, d) のリンキングパターンはすべて (19) に従ったものになっている。(18a) と (18b) はそれぞれ目的語に対象項がリンクされている。また，(18d) においても，対象項（ここでは y）が目的語にリンクされているので，動作主目的語を許す (1iv) の解釈が可能となる。このように (19) のみですべての解釈のパターンが説明できるのである。

　なお，第 1 章でも議論したように通常 LCS でより高い位置にある変項（(18) では x, y, y）は項構造でも統語構造でもより高い位置にある。したがって，通常，動作主（x）と対象（y）があれば動作主が主語，対象が目的語に具現化されることになる。ところが，(18b, d) からわかるように結果複合動詞構文では動作主（x）と対象（y）が <x/y> のように同定されることがある。このように動作主と対象が同定されると，LCS 上の動作主（x）＞対象（y）という関係性は曖昧となる。対象が動作主と同定される名詞句は動作主でも対象でもあるので，(18b) のように主語にも (18d) のように目的語にも具現化できる。対象は通常，意味役割の階層性でも低い位置にあるので，(18d) のように動作主と同定される場合であっても目的語に具現化することができ，結果として動作主目的語が形成されることになる。

　このように，(19) のルールを仮定すれば，(18) の可能な解釈を説明するのに Li (1995, 1999) が仮定するような複雑なルールは必要でないという点で LCS 分析のほうが Li (1995, 1999) の分析より理論的により望ましいと考えられる。また，LCS 分析では Li (1995, 1999) や Her (2007) のような使役役割を独立的に想定する必要がないという点においてもより優れた分析と言える。Li and Thompson (1981) の分析からもわかるように，結果複合動詞構文では，上位事象と下位事象の間で因果関係が認められる。この因果関係が意味構造に反映されるという点においても本論の LCS 分析はより優れていると言えるのである。

　(19) からも示唆されるように，結果複合動詞構文において動作主が目的語となるには，V1 の動作主 (x) が V2 では*対象* (y) として同定される必要がある。したがって，V1 の動作主 (x) と V2 の*対象* (y) を同一に解釈できない場合，動作主目的語は現れないことになる。この分析が正しいとすると，(20=(4)) で示すような"凍死"（凍えさせる−死ぬ）型に動作主目的語ができないことが自然に説明できる。

(20)　張三　凍死　　　　　了　李四。
　　　張三　凍えさせる−死ぬ　ASP　李四
　　　(i)　'張三が李四を凍えさせてその結果李四が死んだ。'
　　　(ii)＊'張三が李四を凍えさせてその結果張三が死んだ。'
　　　(iii)＊'李四が張三を凍えさせてその結果張三が死んだ。'
　　　(iv)＊'李四が張三を凍えさせてその結果李四が死んだ。'

(20) では，V2 の死ぬという状態を表す対象項は V1 の結果状態を表す対象項にしかならない。この事実は以下のような LCS によって説明できる[3,4]。

3　"凍"は'手凍了'（手が凍った。）のような自動詞用法に加えて，'別凍了你的手'（手を凍えさせないでください。）や'我把手凍了，怎么办'（私は手を凍えさせてしまった。どうしよう。）のように，他動詞用法がある。自動詞用法の場合は，'寒冷的天气凍死了李四'（寒さのせいで，李四が凍えて死んだ。）のように，主語は使役を表す外的要因で目的語は V1 の対象と V2 の対象が同定される解釈を表す。

4　Tai (1984) は中国語の動詞には達成 (accomplishments) を表すものがなく，状態 (states)，活動 (activities) そして結果 (results) しかないと論じている。結果 (results) は

(21) a.　"冻": [EVENT [EVENT x DO ON y] CAUSE [EVENT y BECOME [STATE y BE FROZEN]]]

b.　"死": [STATE y BE DEAD]

c.　"冻死": [EVENT [EVENT x DO ON y_i] CAUSE [EVENT y_i BECOME [STATE y_i BE FROZEN & y_i BE DEAD]]]

  →　<x,　　y/y>

        |　　|

    SUB　OBJ

     |　　|

    张三　李四

（x=freezer, y=freezee, y=deadee）

(21) からわかるように，"冻死"（凍えさせる－死ぬ）は"追累"（追う－疲れる）とは異なる意味構造を形成する。その意味構造は，(21a) の V1 "冻"（凍えさせる）の LCS の結果状態に V2 "死"（死ぬ）の LCS が並列される形で組み込まれることによって形成される。誰かを凍えさせてそ

到達（achievements）に当たる。よく引用される例を (i) に挙げる。

(i)　　Zhangsan sha-le Lisi liangci, Lisi dou mei si.

　　　' John performed the action of attempting to kill Peter, but Peter didn't die. '

Tai（1984: 291）

　(i) の sha（"杀"）は達成動詞の典型例としてよく挙げられる英語例 *kill* に相当する。Tai（1984）は中国語の"杀"（殺す）は *kill* とは異なり達成動詞ではないとしている。なぜなら，(i) のように結果状態をキャンセルできるからである。しかし，この分析には問題がある。まず，(i) は純粋に結果状態がキャンセルされているとは言いがたい。中国語は語用論に強く依存する言語であるという特徴がある。(i) は死んだ結果がキャンセルされているのではなく，たとえば，刺し所が悪くたまたま *Lisi* が死ななかった，あるいは，*Lisi* が驚異的な回復力の持ち主であるなど，コンテクストがあれば成立しうる結果と考えられる。このことは次の例からも明らかである。

(ii)　　*Zhangsan sha-le　yizhi　　niao, zhezhi　niao mei　si.

　　　John　　　　kill-ASP one-CL bird　this-CL bird　NEG　dead

　　　' John killed a bird, but this bird didn't die. '

　もし，"杀"（殺す）が達成動詞でないのならば，(ii) の文は容認されると予測されるが，実際には容認されない。鳥には (i) で想定できるようなコンテクストが考えられにくいからである。したがって，"杀"（殺す）は達成動詞であると考えるほうが自然であり，中国語には達成動詞があると考える根拠が本論と (ii) から示されることになる。

の人が死に至ることは容易に想像することができ，ここでの V2 の意味述語は V1 の結果状態を表す意味述語を修飾あるいは補足していると言える（Tham 2015）[5]。したがって，"冻"（凍えさせる）と"死"（死ぬ）を組み合わせて作られる，誰か（x）が誰か（y）を凍えさせるとその人は凍った状態で死ぬという意味は，（21c）の LCS で記述できる。（21c）では V1 とV2 の対象はインデックス i によって同定され，統語構造へとリンクされる項は <x, y/y> という項構造を形成することになる。（19）により，目的語は対象を含まなければならないので，（21c）の項構造から x（動作主）は主語"张三"に y/y（対象）は目的語"李四"に具現されることになる。それ以外の具現化のパターンは（21）には存在しない。ゆえに"张三"が"李四"を凍えさせてその結果"李四"が死ぬという意味が（20）の唯一の意味となり，（20）の解釈の可能性が（21）により説明できることになる。

　このように，結果複合動詞において，V1 の対象が V2 の対象としか同定できないような意味関係の場合，目的語に動作主を具現化することはできない。特に，動作主が対象に何らかの働きかけをするという事象において，そのどちらかが"死"（死ぬ）という結果状態になる場合は，働きかけられる対象が死に至ると考えるのが自然なので，（20）の"冻死"（凍えさせる－死ぬ）以外にも以下の"杀死"（殺す－死ぬ），"砍死"（切り刻む－死ぬ），"打死"（殴る－死ぬ）などでも，V2 の対象は V1 の対象としか同定できない。

(22) a.　张三　　杀死　　　了　　　李四。
　　　　张三　　殺す－死ぬ ASP　　李四
　　　　'张三が李四を殺してその結果李四が死んだ。'

5　よく知られているように，英語の結果構文には strong resultative と weak resultative があり，weak resultative は結果句が，動詞が表す結果状態を修飾している意味関係にある（Washio 1997）。ただし，中国語に strong と weak の違いがあるかどうかはまだ定かではない。たとえば，"打死"（殴る－死ぬ）においては，殴ったからと言って死ぬわけではないので，これは strong resultative に区別できるように見える。その一方で，殴って死んだという事象があるとき，通常殴る人ではなく殴られる人が死ぬので，その意味構造は weak resultative と考えられる（（22）の例も参照）。

b. 张三　砍死　　　了　　李四。
　　張三　　切る－死ぬ　ASP　李四
　　'張三が李四を切り刻んでその結果李四が死んだ。'
c. 张三　打死　　　了　　李四。
　　張三　　殴る－死ぬ　ASP　李四
　　'張三が李四を殴ってその結果李四が死んだ。'

　ここで，同じ V1 を共有する結果複合動詞でもそれ全体が"追累"（追う－疲れる）型であるか"冻死"（凍えさせる－死ぬ）型であるかによって動作主目的語の可能性が異なってくることを (23) の例を用いて示す。

(23) a. 这个　　墙　涂腻　　　　了　　李四。
　　　　こ－CL　壁　塗る－飽きる　ASP　李四
　　　　'李四がこの壁を塗ってその結果飽きた。'
b. *这个　　墙　涂黑　　　了　　李四。
　　　　こ－CL　壁　塗る－黒い　ASP　李四
　　　　'李四がこの壁を塗ってその結果（李四が）黒くなった。'

(23a, b) はどちらも前項動詞に"涂"（塗る）という動詞が使われているが，(23a) では動作主目的語が可能であり，(23b) では不可能である。これは以下のように説明できる。まず，塗るという行為をしたからと言って必ずしも飽きるわけではない。この意味関係は，追いかけたからと言って必ずしも疲れるわけではないという"追累"（追う－疲れる）と同じである。他方，塗るという行為は塗ったものに色が付くという状態を含意するので，黒くなるという状態は「塗る」の意味に含意されている何かの色が付くという状態を指定している（Washio 1997）。この意味関係は"冻死"（凍えさせる－死ぬ）と同じであると考えられる。すなわち，(23a) の V2 "腻"（飽きる）の対象は動作主（(23a) では"李四"）と意味的に同定することができる一方，(23b) の V2 "黑"（黒くなる）は V1 "涂"（塗る）の結果状態を修飾する構造となるので，"黑"（黒くなる）の対象は"墙"（壁）にしかならない。そうすると，(23a) の"涂腻"では動作主目的語が可能

であり，(23b) の"涂黑"では動作主目的語が不可能であることが予測されるが，(23) はこの予測がまさに正しいことを示している。

　本節の最後に，日本語の複合動詞について少し見ておきたい。影山 (1993)，松本 (1998)，由本 (2005) などの多くの先行研究がある日本語でも VV 複合動詞を生産的に作ることができる。ここでは，(24) のような中国語の結果複合動詞に当たる文を見てみることとする[6]。

(24) a.　ジョンは言語学の論文を読み飽きた。
　　　b.　従業員たちは引越の荷物を運び疲れた。

(24) の複合動詞はどれも V1 と V2 の間に因果関係があり，それぞれの主語名詞は，V1 の動作主かつ V2 の対象を表している。たとえば，(24a) の主語名詞「ジョン」は読む人でかつ飽きる人であると解釈される。しかし，(24) では動作主目的語を作ることができない。

(25) a.　*言語学の論文はジョンを読み飽きた。
　　　b.　*引越の荷物は従業員たちを運び疲れた。

V1 の動作主と V2 の対象を意味的に同定することができるのに，動作主目的語ができない (25) は一見前節で中国語の観察から得られた一般化が日本語には適用されないことを示している。しかし，日本語で動作主目的語構文ができないのは独立の理由による。先行研究によって明らかにされているように，日本語の複合動詞では V1 と V2 の間で主語が一致しなければならないという原則がある（影山 1993, 松本 1998, 由本 2005）。これは，言い換えれば，(24) では語彙概念構造のレベルにおいて V1 の動作主と V2 の対象の間で強い意味上の結びつきがあるということで，(24a) の「読み飽きる」は (26) によって説明される。

6　「*読書し飽きた」「*運搬し疲れた」とは言えないので，これらは「語彙的複合動詞」と考えられる。

(26) a.　読む：[_EVENT x DO ON y]

　　b.　飽きる：[_EVENT x BECOME [_STATE BE BORED]]

　　c.　読み飽きる：[_EVENT x DO ON y] **CAUSE** [_EVENT x BECOME [_STATE BE BORED]]

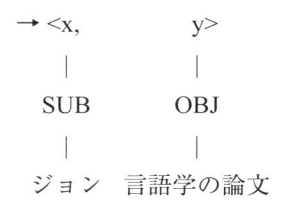

→ <x,　　　　　y>

　　|　　　　　　|

　　SUB　　　OBJ

　　|　　　　　　|

ジョン　言語学の論文

（x=reader/boree, y=readee）

(26) からわかるように，「読み飽きる」の LCS は V1「読む」の LCS と V2「飽きる」の LCS を合成したものからなる。「読む」と「飽きる」のそれぞれの LCS（26a）と（26b）が合成されると，V1 と V2 の間に因果関係が生まれ，使役を表す（26c）が形成され，読んだ結果飽きるという状態になるという意味を表すことになる。読むという行為をしたからと言って必ずしも飽きるわけではないので，「読み飽きる」の LCS（26c）は中国語の“追累”（追う－疲れる）と同じ型とすることができる。そうすると，日本語でも動作主目的語の複合動詞文を作ることができる可能性が生まれるが，(25) の事実が示すとおり，実際にはできない。日本語の複合動詞では V1 と V2 の主語が一致しなければならない原則があるためである（影山 1993, 松本 1998, 由本 2005）。この原則が LCS レベルの制約であると考えると，(26) の LCS のように V1 の動作主と V2 の対象が同じ１つの項として認定されることになり，(26) の LCS からは <x, y> という項構造が形成されることになる。(19) を適用すると，x は主語に，そして y は目的語に具現され，(24a) のような文ができることになる。もし，(25a) のように変項 x と y が逆転し，「言語学の論文」が主語に，そして「ジョン」が目的語に具現化されると，目的語に対象（y）が具現されないことになり，これは，目的語は対象を含まなければならないという (19) に違反するので，許容されない文となる。これと同じことは (25b) にも言え，日本語の複合動詞で動作主目的語ができないのは，主語一致の原則という

独立した理由があるためであり，結局のところ，日本語の場合も (19) の原則に従った形で項の具現化は行われていることになる。

　以上，本論の分析は先行研究と比べてリンキングルールを簡略化できること，そして，"冻死"（凍えさせる – 死ぬ）型の結果複合動詞に動作主目的語が不可能であることを予測できることを示した。Li (1995, 1999) やHer (2007) の分析では，"追累"（追う – 疲れる）と"冻死"（凍えさせる – 死ぬ）は同じタイプとなるので，上記の事実を捉えることはできない。

2.3.3　前項動詞の動詞分類と動作主目的語

　任 (2005)，施 (2008) や熊・魏 (2014) などの記述的研究でも指摘されているように，動作主が目的語に具現化される動詞の組み合わせにはさまざまなものがある。"追累"（追う – 疲れる）の V1 "追"（追う）は，動作主を項にとる活動動詞であるが，動作主を項にとることができる V1 には作成動詞や位置変化動詞など他のタイプの動詞も観察される。本節では，さまざまなタイプの複合動詞を取り上げることで (19) のリンキングルールの妥当性をさらに検証していく。

　まず，先にも見たように (19) から動作主目的語が可能となるには，V2の対象が V1 の動作主と同定される必要がある。これは V1 が作成動詞や位置変化動詞の場合にも当てはまる。(27) が示しているように，"写累"（書く – 疲れる）と"贴腻"（貼る – 飽きる）においても動作主目的語の文を作ることができる。

(27)a.　那本　　书　写累　　　　了　　張三。
　　　　　あ – CL　本　書く – 疲れる　ASP　張三
　　　　　'張三があの本を書いてその結果疲れた。'
　　b.　一大堆　海报　　贴腻　　　　了　　張三。
　　　　　山積み　ポスター　貼る – 飽きる　ASP　張三
　　　　　'張三が山積みのポスターを貼ってその結果飽きた。'

(27a) の V1 "写"（書く）は作成動詞，(27b) の V1 "贴"（貼る）は位置変化動詞である。(27a) では V2 の対象（疲れる人）と V1 の動作主（書く人）

が同一人物として解釈されている。これと同じく，（27b）ではV2の対象（飽きる人）とV1の動作主（貼る人）が同一人物として解釈されている。そうすると，（19）により（27a, b）の文においても動作主目的語が可能となるのである。（27）のLCSは以下のように記述できる。

　まず，作成動詞と位置変化動詞のLCSはそれぞれ（28a, b）のように記述することができる。

(28) a.　作成動詞

$[_{\text{EVENT}} [_{\text{EVENT}} \text{ x DO}] \text{ CAUSE } [_{\text{EVENT}} \text{ BECOME } [_{\text{STATE}} \text{ y BE AT z}]]]$

(x=agent, y=theme, z=location)

　　 b.　位置変化動詞

$[_{\text{EVENT}} [_{\text{EVENT}} \text{ x DO ON y}] \text{ CAUSE } [_{\text{EVENT}} \text{ y MOVE } [_{\text{STATE}} \text{ y BE AT z}]]]$

(x=agent, y=theme, z=location)

（28a）は誰か（x）がある行為をしてその結果何か（y）が（ある状態で）ある場所（z）に出来上がるという意味を表し，（28b）は誰か（x）が何か（y）に働きかけてその結果yがある場所（z）に移動（MOVE）するという意味を表している。これらのV1がV2と合成すると以下のようなLCSが作られることになる。

(29) a.　"写"：$[_{\text{EVENT}} [_{\text{EVENT}} \text{ x DO}] \text{ CAUSE } [_{\text{EVENT}} \text{ BECOME } [_{\text{STATE}} \text{ y BE}$
　　　　　　$\text{WRITTEN \& BE AT z}]]]$

　　 b.　"累"：$[_{\text{EVENT}} y \text{ BECOME } [_{\text{STATE}} y \text{ BE TIRED}]]$

　　 c.　"写累"：$[_{\text{EVENT}} [_{\text{EVENT}} \text{ x DO}] \text{ CAUSE } [_{\text{EVENT}} \text{ BECOME } [_{\text{STATE}} \text{ y BE}$
　　　　　　$\text{WRITTEN \& BE AT z}]]]$ **CAUSE** $[_{\text{EVENT}} y \text{ BECOME } [_{\text{STATE}} y$
　　　　　　$\text{BE TIRED}]]$

(30) a.　$\langle x_i, y_j \rangle, \langle y_{i/j} \rangle$

　　 b.　$\langle x, y/y \rangle$ or $\langle x/y, y \rangle$

(31) a. * <x,　y/y>　　b. * <x/y,　y>　　c. * <x,　y/y>　　d. <x/y,　y>

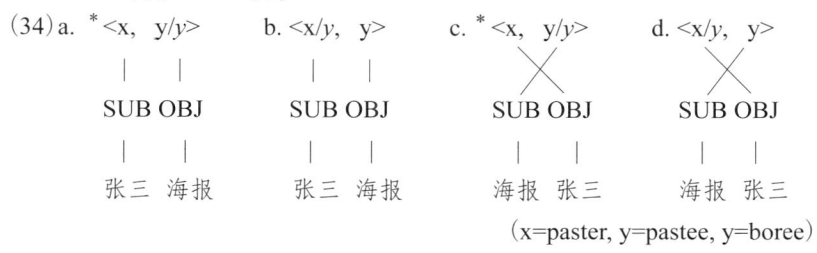

　　　　　　　　　　　　　　　　　　　　　　　　（x=writer, y=writee, y=tiree）

(32) a.　"贴"：[EVENT [EVENT x DO ON y] CAUSE [EVENT y MOVE [STATE y BE
　　　　　　AT z]]]

　　　b.　"腻"：[EVENT y BECOME [STATE y BE BORED]]

　　　c.　"贴腻"：[EVENT [EVENT x DO ON y] CAUSE [EVENT y MOVE [STATE y
　　　　　　BE AT z]]] **CAUSE** [EVENT y BECOME [STATE y BE BORED]]

(33) a.　<x_i, y_j>, <y_{i/j}>

　　　b.　<x, y/y> or <x/y, y>

(34) a. * <x,　y/y>　　b. <x/y,　y>　　c. * <x,　y/y>　　d. <x/y,　y>

（x=paster, y=pastee, y=boree）

(29) – (31) と (32) – (34) は (27a) の"写累"（書く－疲れる）と (27b)
の"贴腻"（貼る－飽きる）が結局は，"追累"（追う－疲れる）と同じ具現
化パターンになることを示している。2.3.5 節でも議論するように，結果
複合動詞構文は，名詞句は 2 つまでしかとらない（詳しくは 2.3.5 節を参
照）。このために，(29c) と (32c) の LCS からはそれぞれ <x_i, y_j>, <y_{i/j}> の
項構造が形成されることになる。(29c) と (32c) の LCS に含まれる AT 述
語がとる場所項は，第 4 章でも議論するように，通常付加詞として現れ
るので，統語構造に必要な必須項ではない。そのため，場所項 (z) は項構
造に必ずしも受け継がれる必要はないのである。"写累"（書く－疲れる）
と"贴腻"（貼る－飽きる）は結局，"追累"（追う－疲れる）と同じ項構造
の形成パターンを示しているので，論理的に可能な解釈が 4 つ生まれる。

(19) により，目的語に動作主の解釈が割り当てられる (31d) と (34d) の
リンキングが成立し，(27a, b) の動作主目的語が作られることになる。な
お，V1 の対象 (y) と V2 の*対象 (y)* が同定される (31a) と (34a) が容認
されないのは，「本が疲れる」，「ポスターが飽きる」が意味的に齟齬をき
たすからである。また，(31b) が不可能となる理由については，(37) 以
降の議論を参照されたい。

　作成動詞や位置変化動詞に加えて，V1 が心理動詞の場合も動作主目的
語が可能である[7]。一般に，心理動詞は，' *The ghost frightened John.* ' のよ
うな経験者を目的語にとる EO 動詞タイプと ' *Mary fears the ghost.* ' のよ
うな経験者を主語にとる ES 動詞タイプに大別される (Grimshaw 1990)。
これに加えて，動作主を項にとることのできる心理動詞で，中国語では
"气"（怒る）のようなものがある。"气"（怒る）もまた "气死"（怒る – 死
ぬ）のような結果複合動詞を作ることができる[8]。

---

[7]　V1 を活動動詞，作成動詞，位置変化動詞，そして，心理動詞に分けた場合，動作主
目的語が可能な結果複合動詞の例を示しておく。
(i)　　　活動動詞
"追累"（追う – 疲れる），"吃饱"（食べる – いっぱいになる），"喝饱"（飲む – いっぱ
いになる），"吃腻"（食べる – 飽きる），"喝腻"（飲む – 飽きる），"吃胖"（食べる – 太
る），"洗累"（洗う – 疲れる），"喝醉"（飲む – 酔う），"讲烦"（教える – いらいらす
る），"看哭"（読む – 泣く），"听乐"（聞く – 喜ぶ），"下输"（指す – 負ける），"唱腻"
（歌う – 飽きる）など。
(ii)　　　作成動詞
"写累"（書く – 疲れる），"画累"（描く – 疲れる），"挖腻"（掘る – 飽きる），"刻累"
（彫る – 疲れる）など。
(iii)　　　位置変化動詞
"贴烦"（貼る – いらいらする），"搬累"（運ぶ – 疲れる），"装累"（積む – 疲れる）など。
(iv)　　　心理動詞
"骂疯"（叱る – 気が狂う），"恨死"（恨む – 死ぬ），"气死"（怒る – 死ぬ），"吓昏"（驚
かす – 頭がくらくらする）など。

[8]　(35) の "气死"（怒る – 死ぬ）の解釈においては，(35ii) の解釈しか許さない話者も
いる。(35ii) の解釈は "杀死"（殺す – 死ぬ）と同じパターンである。つまり，"气死"
（怒る – 死ぬ）に関しては，"追累"（追う – 疲れる）と同じパターンの解釈をする話者と
"杀死"（殺す – 死ぬ）と同じパターンの解釈をする話者がいるということである。とす
ると，この解釈の違いは結局本書の提案に沿った論理的に可能なパターンになるので，
本書の提案の妥当性を支持するものになると考えられる。

(35)　張三　气死　　　了　李四。

　　　張三　怒る‐死ぬ　ASP　李四

　　　(i)　　‘張三が李四を怒ってその結果張三が死ぬほどいらいらした。’

　　　(ii)　　‘張三が李四を怒ってその結果李四が死ぬほどいらいらした。’

　　　(iii)＊‘李四が張三を怒ってその結果張三が死ぬほどいらいらした。’

　　　(iv)　‘李四が張三を怒ってその結果李四が死ぬほどいらいらした。’

(35)では，"气死"（怒る‐死ぬ）が"追累"（追う‐疲れる）型と同じく3通りの解釈ができる。なお，"气死"（怒る‐死ぬ）では実際に人間が死ぬのではなく，その程度にまで怒るあるいはいらいらするという比喩的な意味で使われる。このような使い方は結果構文でしばしば見られるもので，たとえば，Goldberg (1995) は (36) の *thin* は実際に薄くなったというよりはその程度にまでというような強調の意味合いが強いと述べている。

(36)　Joggers ran the pavement thin.

　さて，(35)の文でもやはり，動作主目的語が成立するための重要な要因は，V2 の対象と V1 の動作主が同定できるかどうかである。(35)の日本語訳からもわかるように，動作主目的語が可能となるのは，死ぬほどいらいらする人と怒る人が同一人物として解釈されている場合であり (35iv)，その解釈が得られない場合は，動作主目的語は不可能になるからである (35iii)。

　(19)のリンキングルールは"追"（追う）以外の活動動詞が V1 に現れている場合でも有効に働く。(37)のいずれの例においても目的語が動作主であるという解釈が可能である。

(37)a.　一大堆　衣服　洗累　　　　了　妈妈。

　　　　山積み　服　　洗う‐疲れる　ASP　お母さん

　　　　‘お母さんが山積みの服を洗ってその結果疲れた。’

　　b.　剩菜　吃膩　　　　了　大家。

　　　　残飯　食べる‐飽きる　ASP　みんな

　　　　‘みんなが残飯を食べ飽きた。’　　　　　　　　　　任（2005: 50）

　　c.　课　　　讲烦　　　　　　　了　　老师。

　　　　授業　教える－いらいらする　ASP　先生

　　　　‘先生が講義をしてその結果いらいらした。’　　　　任（2005: 50）

　　d.　那杯　　酒　　喝醉　　　了　　　张三。

　　　　あ－CL　お酒　飲む－酔う　ASP　張三

　　　　‘張三があのお酒を飲んでその結果酔っぱらった。’

　　　　　　　　　　　　　　　　　　Cheng and Huang（1994: 201）

　（37）で動作主目的語の解釈が得られる場合はやはり，V2 の対象と V1 の動作主は意味的に同定されることになる。（37a）では，動作主（洗う人）と V2 の対象（疲れる人）は目的語の“妈妈”（お母さん）になり，（37b, c, d）についても目的語名詞は動作主であるときには同時に対象でもある。

　以上のように，さまざまな V1 と V2 の組み合わせにおいて，動作主目的語構文が可能であるが，いずれの組み合わせにおいても V1 の動作主と V2 の対象が同一人物でなければならないことがわかる。

　ここで，本分析に対して一見問題になると思われる事実について見ておく。本分析では，（意味的に，齟齬をきたすことがない限り）“追累”（追う－疲れる）型は，（19）から論理的に 3 通りの項の具現化が可能なはずである。ところが，実際には（38）のような具現化パターンはできない。

（38）a.　*张三　写累　　　　　了　　那本　　书。

　　　　張三　書く－疲れる　ASP　あ－CL　本

　　　　‘張三があの本を書いてその結果疲れた。’

　　b.　*妈妈　　洗累　　　　　了　　衣服。

　　　　お母さん　洗う－疲れる　ASP　服

　　　　‘お母さんが服を洗ってその結果疲れた。’

　（38a）は（27a）の主語と目的語が逆転した文であるが，日本語訳からもわかるように，（38）では V1 の動作主と V2 の対象を主語に，そして V1 の対象を目的語に具現することができない（（31b）を参照）。これは，

"追累"（追う－疲れる）の例で言えば，（1ii）の解釈に対応するものだが，（38）は容認されない。本論では，（38）が容認されないのは（19）とは独立の理由に由来すると考える。このことを見るために，結果構文に現れる名詞句の位置について，Shi（2002）の次の一般化を考えてみることにする。

(39)　If the resultative is the underlying predicate of a subject (agent), the VR construction usually cannot have an object. ... the only linguistic form for this kind of expression is verb-copying,...　　　　Shi（2002: 37）

(39) は，結果述語の対象と V1 の動作主が同定される場合は，「主語（V1 の動作主 /V2 の対象）＋結果複合動詞＋目的語（V1 の対象）」の語順をとることができず，その代わりに，verb-copying（動詞重複構文）にする必要があることを述べている（なお，VR は本論の V1V2 に対応している）。Shi（2002）の一般化が正しいとすると，（38）のような文の逸脱性は，項の具現化のルールとは独立した事実から説明できることになる。実際，（38）に相当する文を作ろうとすると，（40）のように verb-copying を行う必要がある。

(40) a.　张三　写　那本　书　写累　　　了。
　　　　張三　書く　あ－CL　本　書く－疲れる　ASP
　　 b.　妈妈　　洗　　衣服　洗累　　　　了。
　　　　お母さん　洗う　服　　洗う－疲れる　ASP

しかし，（39）には経験的な問題がある。（39）は結果複合動詞構文で「主語（V1 の動作主 /V2 の対象）＋結果複合動詞＋目的語（V1 の対象）」の語順をとることができないことを予測するが，（41）に示すように，実際には可能な場合がある。

(41) a.　大家　吃腻　　　　了　剩菜。
　　　　みんな　食べる－飽きる　ASP　残飯
　　　　'みんなが残飯を食べ飽きた。'

b.　老師　讲烦　　　　　　　　　了　课。
　　先生　教える－いらいらする　ASP　授業
　　'先生が講義をしてその結果いらいらした。'

任（2005: 61）

　（41）の V2 はどれも V1 の動作主と同定されているので，これは Shi
（2002）の一般化に反する。したがって，（38）のような一部の結果複合動
詞で「主語（V1 の動作主 /V2 の対象）＋結果複合動詞＋目的語（V1 の対
象）」の語順をとることができないのは，（39）の一般化からではなく別の
原因があると考えられる。ここではその原因を V1 と V2 の語彙的な制限
によるものであると考える。このことを示すために次の例を観察されたい。

（42）a.　张三　{*写累 / 写腻}　　　　　　　　了　那本　　书。
　　　　　張三　　書く－疲れる / 書く－飽きる ASP　あ－CL　本
　　　　　'張三があの本を書いてその結果 {疲れた / 飽きた}。'
　　b.　张三　{*搬累 / 搬腻}　　　　　了　　行李。
　　　　　張三　　運ぶ－疲れる / 運ぶ－飽きる ASP　荷物
　　　　　'張三が荷物を運んでその結果 {疲れた / 飽きた}。'
　　c.　张三　{追累 / 追腻}　　　　　了　李四。
　　　　　張三　　追う－疲れる / 追う－飽きる ASP　李四
　　　　　'張三が李四を追いかけてその結果 {疲れた / 飽きた}。'

（42）からわかることは，「主語（V1 の動作主 /V2 の対象）＋結果複合動詞
＋目的語（V1 の対象）」の語順がとれないのは，V1 が "追"（追う）など
の活動動詞以外でかつ V2 が "累"（疲れる）である複合動詞に限られるこ
とを示している[9]。（38b）の "洗"（洗う）は活動動詞と考えることもできる

9　V+ "累"（疲れる）の複合動詞に関する容認判断には個人差があることが，施
（2014）や郭（2002）などでしばしば指摘されていることにも留意されたい。たとえば，
（42a）のような '写累了书'（本を書いてその結果疲れた。）の容認性に関して，王・何
（2002）では容認可能としているが，施（2008: 285）では容認されないとしている。筆者
もこの容認性は受け入れられない。

が，きれいになるものが出来上がるという意味では作成動詞とすることができるので，（38b）の非文性も（38a）と同じであるとすることができる。そうすると，一部の結果複合動詞で「主語（V1 の動作主／V2 の対象）＋結果複合動詞＋目的語（V1 の対象）」の語順をとれないことは，（19）の妥当性を否定するものとならず，結果複合動詞における限られた組み合わせに見られる限定的な現象とすることができる[10]。

上で見たように，たとえ「主語（V1 の動作主／V2 の対象）＋結果複合動詞＋目的語（V1 の対象）」の語順の可能性にゆれがあるとしても，ここで重要なのは，動作主目的語ができる場合は V2 の対象と V1 の動作主が意味的に同定されるときのみだということである。さきほどの（42a, b）においても，"写累"（書く－疲れる）と"搬累"（運ぶ－疲れる）は結果複合動詞構文を形成できないわけではなく，V1 の動作主と V2 の対象が同定される以下の動作主目的語構文を作ることはもちろんできる。

(43) a.　那本　　書　写累　　　　了　　張三。
　　　　あ－CL　本　書く－疲れる　ASP　張三
　　　　'張三があの本を書いてその結果疲れた。'

10　複合動詞の語順に関して特異な現象が見られることは Her (1991) でも議論されている。(ia) と (ib) の複合動詞を比べると，(ia) が目的語を具現することができるのに対して，(ib) はできない。

(i) a.　我　負責　　　这件　事。
　　　　私　責任を負う　こ－CL　こと
　　　　'私はこのことに責任を負う。'

　　b.　*我　做主　　这件　事。
　　　　　私　決定する　こ－CL　こと
　　　　'私はこのことを決定する。'

(ia) の"負責"（責任を負う）と (ib) の"做主"（決定する）はどちらも意味的には責任を負う対象と決定する対象を必要とするので，目的語が必要になる。しかし，(ia) ではその目的語を具現することができないという事実から，Her (1991) は，複合動詞（VO 型）には，(ii) のような複合動詞の目的語の現れに個別性があることを認めるプロセスを設定し，他動詞として働くかどうかに関してゆれがあると述べている。

(ii)　　[V incorporate OBJ]　→ V:　A. [-TRANSITIVE]
　　　　　　　　　　　　　　　　　　　　B. [+TRANSITIVE]

しかし，上記のような例と結果複合動詞の例の間に直接的なつながりはない。複合動詞全体における語順の問題はさらなる研究が必要である。

 b. 这些行李 搬累   了 张三。
   これらの荷物 運ぶ‒疲れる ASP 張三
   '張三がこれらの荷物を運んでその結果疲れた。'

(43) も "追累"（追う‒疲れる）などで観察してきたように，目的語に動作主の解釈が可能なのは，V1 の動作主と V2 の対象が同定される場合に限られるという一般化に合致する。

　次節では，これと同じことが自動詞＋自動詞型の結果複合動詞の動作主目的語構文にも言えることを示す。

2.3.4　自動詞＋自動詞型の結果複合動詞

　"追累"（追う‒疲れる）のような他動詞＋自動詞型の結果複合動詞に動作主目的語が可能なように，自動詞＋自動詞型の結果複合動詞でも動作主目的語が可能である。(44) の複合動詞 "跳烦"（跳ぶ‒いらいらする）は自動詞 "跳"（跳ぶ）と "烦"（いらいらする）を内部構造にもつが，以下に示すように 3 通りの文を作ることができ，そのうちの (44c) では目的語に動作主の解釈がある。

(44) a. 张三 跳烦   了。
   張三 跳ぶ‒いらいらする ASP
   '張三が跳んでその結果いらいらした。'
 b. 张三 跳烦   了 李四。
   張三 跳ぶ‒いらいらする ASP 李四
   '張三が跳んでその結果李四がいらいらした。'
 c. 张三 跳烦   了 李四。
   張三 跳ぶ‒いらいらする ASP 李四
   '張三のせいで，李四が跳んでその結果李四がいらいらした。'

(44a) では，主語 "张三" は "跳"（跳ぶ）の動作主でありかつ "烦"（いらいらする）の対象であるため，全体としては自動詞文になる。(44b) では，主語 "张三" は "跳"（跳ぶ）の動作主，そして目的語 "李四" は "烦"

（いらいらする）の対象をそれぞれ表しているため，全体としては他動詞文になる。これと同じく，（44c）も他動詞文を表しているが，（44b）とは異なり，目的語の"李四"が"跳"（跳ぶ）の動作主かつ"烦"（いらいらする）の対象になる。また，（44c）では，主語"张三"はいらいらを引き起こす原因となる使役者として解釈される。

　このように，"跳烦"（跳ぶ－いらいらする）では，（44a, b, c）の3種類の文を作ることができるが，この事実は以下のように説明できる。

(45) a. 　"跳"：[$_{EVENT}$ x DO]

　　b. 　"烦"：[$_{EVENT}$ y BECOME [$_{STATE}$ y BE BORED]]

　　c. 　"跳烦"：[$_{EVENT}$ x DO] **CAUSE** [$_{EVENT}$ y BECOME [$_{STATE}$ y BE BORED]]

(46) a. 　$<x_{(i)}>$, $<y_{(i)}>$

　　b. 　$<x/y>$ or $<x, y>$

(47) a. 　$<x/y>$　　　b. 　$<x, y>$　　　c. 　$^*<x/y>$

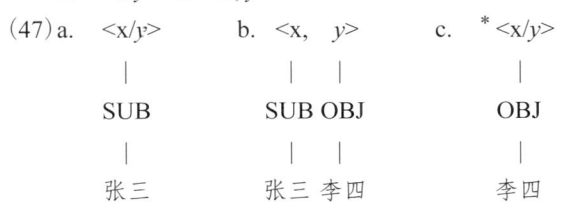

　　　　　　　　　　　　　　　　　　　(x=jumper, y=boree)

(45) では，"跳"（跳ぶ）の LCS [$_{EVENT}$ x DO] (45a) と"烦"（いらいらする）の LCS [$_{EVEN-}$ y BECOME [$_{STATE}$ y BE BORED]] (45b) が CAUSE 関数で結ばれることにより使役を表す"跳烦"（跳ぶ－いらいらする）の LCS (45c) が形成され，(45c) は跳んだ結果いらいらするという意味を表すことになる。この LCS からは (46a) で表されるような項構造が2つ形成される。"追累"（追う－疲れる）型の LCS とは異なり，(46) では項の同定は任意となる。これは，他動詞文の名詞句と"跳烦"（跳ぶ－いらいらする）の項との間に数の上での食い違いがないからである。すなわち，自動詞＋自動詞型は，他動詞＋自動詞型のように，項を2つに絞るために，項の同定を行う必要がないのである。(47a) のように項の同定が行われると，(44a) の文が派生され，主語の"张三"が V1 の動作主（跳ぶ人），かつ V2 の対象（い

らいらする人）となる。他方，（47b）のように，項の同定が行われない場合，それぞれの項は別々の名詞句に具現されることになり，（19）から目的語は対象を含まなければならないので，（47b）では，V1 の動作主（x）が主語"張三"に，V2 の対象（y）が目的語"李四"に具現され，（44b）の文ができる。論理的には（47c）の具現化パターンも可能であるが，主語がなければならないという（19）の条件により目的語としてしか具現されない（47c）は不可能となる。実際，（47c）のような自動詞文を作ることはできない。

(48) ＊跳烦　　　　　　　　了　　李四。
　　　跳ぶ−いらいらする　ASP　李四
　　　'李四が跳んでその結果いらいらした。'

したがって，（19）の主語がなければならないという条件を満たすために，（44a）のように"張三"<x/y> が主語として具現化される必要がある。

　（44a）のように <x/y> を主語として具現化するのとは別の方法として，<z, x/y> のように主語に具現される項を項構造に挿入することもできる。結果複合動詞構文に因果関係の意味があることから，この場合，変項 z は使役者を表すことになる。このことを LCS で表すと（49）のように記述できる。

(49)　　z **CAUSE**[$_{EVENT}$ [$_{EVENT}$ x$_i$ DO] CAUSE [$_{EVENT}$ y$_i$ BECOME [$_{STATE}$ y$_i$ BE BORED]]]

$$\rightarrow \ \ <z, \ \ x/y>$$

　　　　SUB OBJ

　　　　張三　李四

　　　　　　　　　　　　　　　　　　　　（z=causer, x=jumper, y=boree）

（49）の LCS において，変項 z は外的に付加された使役者を表しており，[$_{EVENT}$ [$_{EVENT}$ x$_i$ DO] CAUSE [$_{EVENT}$ y$_i$ BECOME [$_{STATE}$ y$_i$ BE BORED]]] で記述される下位事象を引き起こす項である。CAUSE 関数でつながれた下位事

象は，跳んだ結果疲れるという事象を表しており，跳ぶ人（x）と疲れる人（y）は同じである。(49) の LCS からは項構造 <z, x/y> が形成される。(19) に従うと，z が主語に，x/y が目的語に具現されることになり，(44c) で示されているとおり，"张三" が使役者そして"李四"が跳ぶ人かついらいらする人という解釈になる。すなわち，(44c) の主語"张三"は"跳"（跳ぶ）の項でも"烦"（いらいらする）の項でもなく，(49) の LCS が示すように外的に付加された使役者となる。このように，自動詞＋自動詞型において，主語が結果複合動詞の表す事象を引き起こす使役者あるいは原因を表すことは，無生物主語が現れる（50a）の例を見るとより明確になる。

(50) a.　悪梦　哭醒　　　　了　　妹妹。
　　　　悪夢　泣く‒目覚める　ASP　妹
　　　　'悪夢のせいで，妹が泣いてその結果目覚めた。'
　　 b.　悪梦　让　　　妹妹　哭　得　很不舒服。
　　　　悪夢　CAUS　妹　　泣　DE　気分が悪い
　　　　'悪夢のせいで，妹が泣いてその結果気分が悪くなった。'

"悪梦"（悪夢）は泣くことも目覚めることもできないので，V1 の項でも V2 の項でもない。したがって，"悪梦"（悪夢）は外的原因としてしか解釈できない。このことは，"悪梦"（悪夢）が（50b）のような使役文を作ることができることからも明らかである（Kishimoto and Yu 2018）。そうすると，（50a）も（49）と同様の意味構造を形成することになるので，（50a）は（51）の LCS で記述できることになる。

(51)　z **CAUSE**[EVENT [EVENT x_i DO] CAUSE [EVENT y_i BECOME [STATE y_i BE AWAKE]]]

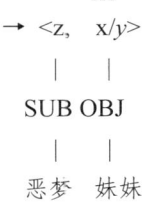

（z=causer, x=cryer, y=awakee）

"恶梦"（悪夢）のように，完全な外的原因と解釈される場合に加えて，
（52）のように，外的原因と V1 の動作主にいくらかの意味的なつながり
があるものも見られる。

(52)　这双　　鞋　跑累　　　　了　李四。
　　　こ－CL　靴　走る－疲れる　ASP　李四
　　　'この靴のせいで，李四が走って疲れた。'

靴は走ることも疲れることもできないので，（52）の主語"这双鞋"（この
靴）は"跑"（走る）の項でもなく"累"（疲れる）の項でもない。したがっ
て，"这双鞋"（この靴）も外的原因として解釈される。しかしながら，
（52）の文の意味からも推察されるように，"这双鞋"（この靴）は"李四"
が履いている靴であると考えるのが自然である。その意味では，（52）は
（50a）と比べて外的要因と V1 の動作主との間に意味的なつながりがある
と言える。このつながりを捉えるために，（52）の文構造は，（49）に少し
修正を加えた，靴（z）と動作主（x）の間に，z は x が身に付けているもの
であるという意味を示す（53）の LCS から説明されることになる。

(53)　$[_{\text{EVENT}}$ z:wear（x,z）CAUSE$[_{\text{EVENT}}$ $[_{\text{EVENT}}$ x$_i$ DO] CAUSE $[_{\text{EVENT}}$ y_i
　　　BECOME　$[_{\text{STATE}}$ y_i BE TIRED]]]]

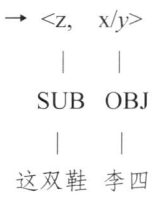

（z=causer, x=runner, y=tiree）

（53）の意味構造において，z は，x が履くこと，そしてそれを履いた x
が疲れる状態になる原因であることを表している。走る人（x）と疲れ

る人（y）は LCS で同定されるので，結局，（51）と同様の項構造 <z, x/y> を形成することになり，（52）の文構造が作られることになる。また，（52）の"这双鞋"（この靴）が外的原因を表すことは，（50b）のような使役文を作ることができることからも明らかである。

(54)　这双　　鞋　让　　妈妈　　跑　　得　很不舒服。
　　　　こ－CL　靴　CAUS　お母さん　走る　DE　気分が悪い
　　　　'この靴のせいで，お母さんが走ってその結果気分が悪くなった。'

（50a）と（52）では意味構造に多少の違いはあるものの，（50b）と（54）が並行的にふるまうことから，これらの結果複合動詞の主語が外的原因を表すことは明らかである。
　これまでの例でわかるように，自動詞＋自動詞型の結果複合動詞構文において，動作主目的語が可能となるには，主語が外的原因を表し，目的語が V1 の動作主かつ V2 の対象と解釈される必要がある。実際，結果複合動詞の主語に使役者（原因）の意味があることは，Li（1995, 1999）や Her（2007）などの先行研究で述べられているとおりである（cf. Cheng and Huang 1994）。そうすると，（44c）や（50a）や（52）のような文は"追累"（追う－疲れる）と同じ動作主目的語構文を形成していることになる。そして，"追累"（追う－疲れる）と同じく，これらの自動詞＋自動詞型においてもやはり目的語に動作主の解釈が可能な場合は V1 の動作主と V2 の対象が同定できるときに限られる。このことは（55）の例から明らかである。

(55)a.　张三　　哭湿　　　了　　手帕。
　　　　　張三　　泣く－る　ASP　ハンカチ
　　　　'張三が泣いてその結果ハンカチが湿った。'
　　b.＊手帕　　哭湿　　　了　　张三。
　　　　　ハンカチ　泣く－湿る　ASP　張三
　　　　'ハンカチのせいで，張三が泣いてその結果（張三が）湿った。'
　　c.＊张三　　哭湿　　　了。
　　　　　張三　　泣く－湿る　ASP

‘張三が泣いてその結果湿った。’

(55a) は自動詞＋自動詞を内部構造にもつ“哭湿”（泣く－湿る）において，“哭”（泣く）の項“张三”と“湿”（湿る）の項“手帕”（ハンカチ）がそれぞれ主語と目的語に具現されることを表している。しかし，(44c) の“跳烦”（跳ぶ－いらいらする）や (50) の“哭醒”（泣く－目覚める）や (52) の“跑累”（走る－疲れる）とは異なり，動作主目的語構文を作ることはできない。実際，(55b) のように，動作主“张三”と対象“手帕”（ハンカチ）が逆転すると非文になる。“哭湿”（泣く－湿る）は V1 の動作主と V2 の対象を意味的に同定することができないからである。このことは，(55c) が非文であることから裏付けられる。すなわち，動作主目的語が可能な“跳烦”（跳ぶ－いらいらする）や“哭醒”（泣く－目覚める）や“跑累”（走る－疲れる）とは異なり，“哭湿”（泣く－湿る）は項を共有することができない。動作主目的語が可能となるには V1 の動作主と V2 の対象が同定される必要があるので，“哭湿”（泣く－湿る）型の複合動詞は動作主目的語を作ることができないのである。

　以上のことから，“追累”（追う－疲れる）などの他動詞＋自動詞型と“跳烦”（跳ぶ－いらいらする）などの自動詞＋自動詞型は，V1 の動作主と V2 の対象が意味的に同定されるときにのみ動作主目的語が可能であることが明らかになった。いずれの構文においても，項の具現化は (19) のリンキングルールにより説明可能で，本論の分析は当該データを説明できない Li (1995, 1999) や Her (2007) などの分析よりも望ましいものとなる。次節では，本分析が 3 項動詞＋自動詞型の結果複合動詞においても成り立つことを示す。

2.3.5　3 項動詞＋自動詞型の結果複合動詞

　中国語の“送”（あげる）は項を 3 つ必要とする 3 項動詞で，(56) のように直接目的語と間接目的語をとることができる。

(56)　张三　　送　　　了　　　大家　　生日礼物。
　　　張三　　あげる　ASP　　みんな　誕生日プレゼント

　　　'張三はみんなに誕生日プレゼントをあげた。'

（56）は"送"（あげる）が間接目的語の項として＜着点＞（"大家"（みん
な））を，直接目的語の項として＜対象＞（"生日礼物"（誕生日プレゼン
ト））をとることを示している。これに動作主の"張三"が加わると，"送"
（あげる）は3項動詞になり，＜agent, theme, goal＞のような項構造を形成
することになる。ここで問題となるのは，（56）の3項動詞"送"（あげ
る）に結果述語"膩"（飽きる）を合成して，結果複合動詞を形成すること
ができないということである。

（57）＊张三　送膩　　　　　了　　大家　　生日礼物。
　　　　張三　あげる‒飽きる　ASP　みんな　誕生日プレゼント
　　　　'張三はみんなに誕生日プレゼントをあげて，その結果みんなが飽
　　　　きた。'

ここで，3項動詞が結果複合動詞を形成できないことを説明するために，
（58）を考えてみることにする。

（58）a.　张三　（＊往 卡车　　上）搬坏　　　　了　玩具。
　　　　　張三　　　に　トラック　上　　運ぶ‒壊れる ASP　おもちゃ
　　　　　'張三がトラックにおもちゃを運びその結果おもちゃが壊れた。'
　　　b.　张三　往 卡车　　上　搬　　了　　玩具。
　　　　　張三　に　トラック　上　運ぶ　ASP　おもちゃ
　　　　　'張三はトラックにおもちゃを運んだ。'

"搬"（運ぶ）は意味的には動作主（運ぶ人）と対象（運ぶもの）に加えて，
運ぶ場所すなわち荷物が運ばれる着点（goal）がある。このことを LCS で
表すと（59）のようになる。

（59）　[EVENT [EVENT x DO ON y] CAUSE [EVENT y MOVE [STATE y BE PLACED
　　　　AT z]]]

（x=loader, y=loadee, z=goal）

（59）の LCS は "搬"（運ぶ）が単独では着点（z）をとることを示しており，（58b）のように "往卡车上"（トラックに）として具現化できる。（59）の AT は（y）を MOVE した結果（y）がある場所，つまり着点（z）を項にとる意味述語を表す。ところが，（58a）が示すように着点を表す "往卡车上"（トラックに）を結果複合動詞構文では出すことができない。これは結果複合動詞ではある行為をした結果何らかの状態になるという意味が重要であるからである。これに対して，動詞が意味的にとる着点ではなく，単にその事象が行われる場所を指定する表現は現れてもよい。

（60）　张三　在　学校　里　贴腻　　　　了　　　海报。
　　　　張三　で　学校　中　貼る－飽きる　ASP　ポスター
　　　'張三が学校の中でポスターを貼りその結果飽きた。'

（60）では "在学校里"（学校の中で）という場所を指定する表現が現れているが，これは（58a）とは異なり，運ぶ着点ではなく単に荷物を運ぶという行為が行われる場所を表しているので結果複合動詞の生起条件には影響しない。すなわち，同じ場所を表す表現でも "在学校里"（学校の中で）は（59）で着点を表す AT の変項 z が具現化されたものではなく，単に場所を表す付加詞として挿入されているものとなる。

　（58a）のように着点と状態変化が同時に結果複合動詞構文で現れないことは，Goldberg（1995）で提案されている Unique Path Constraint（唯一経路の制約）から説明できる。

（61）　Unique Path（UP）Constraint
　　　　If an argument X refers to a physical object, then no more than one distinct path can be predicated of X within a single clause. The notion of a single path entails two things:（1）X cannot be predicated to move to two distinct locations at any given time t, and（2）the motion must trace a path within a single landscape.　　　　　　　Goldberg（1995: 82）

（61）は項 X が 1 つの物体を指すときに，項 X は単一節内で複数の異なる経路を叙述できないことを表している。したがって，（62）のように目的語 *Bill* を青黒いあざになるという状態変化と部屋から出ていくという位置変化の両方の対象とみなすことはできない。単一節内において，複数の表現が事象の終点を表すことはできないのである（Levin and Rappaport Hovav 1995, Tenny 1987, 1994）。

（62）　*Sam kicked Bill black and blue out of the room.

これと同様のことがまさに中国語の結果複合動詞構文にも言える。このことを示すために以下の例を観察されたい（Kishimoto and Yu 2018）。

（63）a.　张三　　走　　到　车站　了。
　　　　　張三　　歩く　に　駅　　ASP
　　　　　'張三が歩いて駅に着いた。'
　　　b.　张三　　走累　　　　（*到　车站）了。
　　　　　張三　　歩く−疲れる　　に　駅　　ASP
　　　　　'張三が歩いて駅に着いて，その結果疲れた。'

（63）の"走"（歩く）は移動様態動詞で，（63a）のように着点"车站"（駅）を付け加えることができる（Vendler 1967, Dowty 1979, etc.）。しかしながら，（63b）のように結果複合動詞の"走累"（歩く−疲れる）が使われると，着点を付け加えることはできない。結果複合動詞は 1 つの連続体の事象でそれ自体で状態変化の意味があり，すでに 1 つの経路（終点）として状態変化があるので，さらに着点を付加することができないのである。結果複合動詞で 2 つの経路が現れないことは次の例からも確かめられる。

（64）a.　张三　　到　　了　　（车站）。
　　　　　張三　　着く　ASP　　駅
　　　　　'張三が（駅に）着いた。'

　　b. ＊张三　到累　　　　了　（车站）。
　　　　張三　着く‐疲れる　ASP　　駅
　　　　‘張三が駅に着いて，その結果疲れた。’

（64a）からわかるように，“到”（着く）も着点“车站”（駅）を付け加える
ことができる。他方，（64b）のように結果複合動詞の“到累”（着く‐疲
れる）が使われると，着点“车站”（駅）の有無にかかわらず非文となる。
これは“到”（着く）の語彙的意味にすでに着点の概念があるからで，着点
の概念に加えて，疲れるという状態変化の概念を付け足すことはできない
のである。

　さて，ここで（58a）の例に立ち返ると，（58a）のように着点“卡车”（ト
ラック）が付け加わると，疲れる状態になるという状態変化の意味に加え
て着点というもう１つの経路が単一節内で現れることになり，状態変化
と着点という複数の概念が事象の終点を表すことになる。したがって，こ
れまで見てきたように，結果複合動詞構文では着点表現が現れないのであ
る。

　さらに，（61）の Unique Path Constraint があるために着点が状態変化を
表す結果複合動詞構文で現れないことは，当該構文における名詞句の数が
最大で２つまでに規制されることをも示すことになる。“追累”（追う‐
疲れる）のタイプでは２つの名詞句が，“跳烦”（跳ねる‐いらいらする）
のタイプでは１つあるいは２つの名詞句が現れる（それぞれ（1）と（44）
を参照）。

　以上のことから結果複合動詞構文には着点を表す変項 z は現れてはなら
ず，何らかの影響を受ける対象が現れることがわかる。このことを LCS
で表すと（65）のように説明できる。

（65）a.　　[... ＊[$_{\text{STATE}}$ y TO $\underline{z}$]]　　　　　　　　　　　　（y=theme, z=goal）

　　　b.　　[...[$_{\text{STATE}}$ y BE $\underline{\text{STATE}}$]]　　　　　　　　　　　　　　（y=theme）

（65a）の下線部で示しているように，着点項（z）が指定される LCS は結
果複合動詞構文とは相容れない。一方，（65b）のように何らかの影響を受

ける状態を定項として指定する LCS を含む場合は生起できる。状態の意
味を表す (65b) の LCS [_STATE_ y BE STATE] が結果複合動詞構文で必要であ
ることは結果複合動詞がある行為をした結果何らかの状態になるという状
態変化の意味を表すことからも当然の帰結である。

　以上のことを踏まえた上で，もう一度 (57) を考えてみると，(57) の非
文さは結果複合動詞"送膩"（あげる－飽きる）に着点の"大家"（みんな）
（誕生日プレゼントが届くところ）があるためであると説明されることに
なる。着点の"大家"（みんな）があると，状態変化に加えて着点（位置変
化）の意味が単一節内で表されることになる。これは (61) の Unique Path
Constraint に違反する。したがって，3 項動詞が結果複合動詞で使われる
ためには，(66a) のように (57) から着点（"大家"（みんな））を取り除く
必要がある。また，(66b) のように (57) から対象（"生日礼物"（誕生日
プレゼント））を取り除いた文では着点"大家"（みんな）が残留するため
非文となる。

(66) a.　张三　　送膩　　　　　了　　生日礼物。
　　　　張三　　あげる－飽きる　ASP　誕生日プレゼント
　　　　'張三は誕生日プレゼントをあげその結果飽きた。'
　　b. *张三　　送膩　　　　　　了　　大家。
　　　　張三　　あげる－飽きる　ASP　みんな
　　　　'張三はみんなに（何かを）あげその結果みんなが飽きた。'

(66a) と (66b) の対比から，"送膩"（あげる－飽きる）を形成できるのは，
3 項動詞"送"（あげる）が＜動作主，着点＞ではなく＜動作主，対象＞を
項構造にもつ場合であることがわかる。また，(66b) が非文となるのは
(19)（目的語は対象を含まなければならない）からも明らかである。そう
すると，(66a) における"送膩"（あげる－飽きる）と"追累"（追う－疲れ
る）の V1 と V2 は，それぞれ同じ項構造＜動作主，対象＞，＜対象＞を共
有することから，動作主目的語が可能であると予想されるが，(67) が示
すように，この予測はまさに正しい。

(67)　　生日礼物　　　　　　送膩　　　　　　　了　　張三。
　　　　誕生日プレゼント　あげる－飽きる　ASP　張三
　　　　‘張三は誕生日プレゼントをあげその結果飽きた。’

(67)は，(19)からも予測されるように目的語"張三"に＜対象＞（飽きる人）の解釈が与えられ，結果複合動詞において V1 が３項動詞のときでも目的語に対象の解釈が必要であることがわかる。これは英語の３項動詞 teach に当たる中国語の動詞"教"（教える）が現れる(68)の例を見るとより明確になる。

(68)　　小王　　教　　　大学生　汉语。
　　　　王さん　教える　大学生　中国語
　　　　‘王さんは大学生に中国語を教える。’

"教"（教える）は動作主"小王"（王さん），着点"大学生"（大学生），そして対象"汉语"（中国語）を項にとる３項動詞である。"教"（教える）は"送"（あげる）とは異なり，直接目的語と間接目的語を形成している項は対応する他動詞文ではどちらも対象を表す直接目的語（内項）となりうる（このことは，英語 teach の ‘John taught the students.’ のような用法と同じである）。すなわち，(69)の"教"（教える）はいずれも [$_\text{EVENT}$ x DO ON y] の LCS をもつことになり，対象（y）が直接目的語（内項）として"汉语"(69a)あるいは"大学生"(69b)に具現される。

(69)a.　小王　　教　　　汉语。
　　　　王さん　教える　中国語
　　　　‘王さんは中国語を教える。’
　　b.　小王　　教　　　大学生。
　　　　王さん　教える　大学生
　　　　‘王さんは大学生を教える。’

(66b)とは異なり，(68)で着点である"大学生"（大学生）は対応する他

動詞文（69b）では対象（教えを被るという影響を受けるもの）として解釈
される。これまで議論してきたように，結果複合動詞構文ではV1の着点
は現れず，動作主と対象の2つの項に限られる。（69）の"教"（教える）
はいずれも動作主と対象だけを項にとるので，（70）のように，結果複合
動詞を形成することができる。

(70) a.　小王　　教膩　　　　　了　　汉语。
　　　　王さん　教える－飽きる　ASP　中国語
　　　　'王さんは中国語を教えその結果飽きた。'
　　b.　小王　　教膩　　　　　了　　大学生。
　　　　王さん　教える－飽きる　ASP　大学生
　　　　'王さんは大学生を教えその結果飽きた。'

（70a, b）の目的語はどちらも対象であるので，目的語に対象を要求する
（19）の条件を満たすことになり，容認される文となる。一方，（66b）の
目的語"大家"（みんな）は着点（間接目的語）にしかならないので，容認
されない。よって，（70）と（66）の対比から，目的語に対象を要求する
（19）のルールの妥当性が経験面からさらに裏付けられることになる。

　結果複合動詞に現れる"教"（教える）は動作主と対象を項にとる [EVENT
x DO ON y] のLCSをもつので，結果複合動詞"教膩"（教える－飽きる）
は"教"（教える）のLCSと"膩"（飽きる）のLCS[EVENT *y* BECOME [STATE
y BE BORED]] が合成され，使役を表すLCS[EVENT x DO ON y] CAUSE
[EVENT *y* BECOME [STATE *y* BE BORED]] が形成されることになる。このLCS
は教えた結果飽きるという意味を表す。ここで，x は動作主（教える人），
y は対象（教えるものあるいは教わる人），そして*y*は対象（飽きる人）を
表す。教えたからと言って飽きるわけではないので，"教膩"（教える－
飽きる）も結局は"追累"（追う－疲れる）と同様のタイプのLCSになる。
したがって，"教膩"（教える－飽きる）も"追累"（追う－疲れる）と同じ
く，（71）のように動作主目的語を作ることができる。

(71) a.　汉语　　　教腻　　　　　了　　小王。
　　　　　中国語　　教える‐飽きる　ASP　王さん
　　　　　'王さんは中国語を教えその結果飽きた。'
　　　b.　[?]大学生　教腻　　　　　了　　小王。
　　　　　大学生　　教える‐飽きる　ASP　王さん
　　　　　'王さんが大学生を教えその結果飽きた。'

(71a, b) はそれぞれ (70a, b) の主語と目的語が逆転した形になっており，いずれにおいても動作主目的語が可能である。また，これまで議論してきた"追累"（追う‐疲れる）型と"跳烦"（跳ぶ‐いらいらする）型と同じく，(71) でもやはり V1 の動作主と V2 の対象は同じ項を共有している。

　動作主目的語構文においては，V2 の対象が V1 の動作主と同定されなければならないので，(72) のように V1 だけでは動作主目的語を作ることができない。

(72) a.　[*]张三　追　了　　李四。
　　　　　張三　　追う　ASP　李四
　　　　　'李四が張三を追った。'
　　　b.　[*]衣服　洗　了　　妈妈。
　　　　　服　　洗う　ASP　お母さん
　　　　　'お母さんが服を洗った。'
　　　c.　[*]这双　鞋　跑　了　　妈妈。
　　　　　こ‐CL　靴　走る　ASP　お母さん
　　　　　'この靴のせいで，お母さんが走った。'
　　　d.　[*]汉语　教　　了　　小王。
　　　　　中国語　教える　ASP　王さん
　　　　　'王さんが中国語を教えた。'

(72) から結果複合動詞を形成しない他動詞，自動詞，そして 3 項動詞は動作主目的語を作れないことがわかる。このことは，本論が主張するように，V2 の存在が動作主目的語構文において必須であることを示している。

　これまで，V1 が他動詞，自動詞，3 項動詞の結果複合動詞について見てきたが，最後に V2 の特性についてもう少し触れておきたい。これまで V2 は 1 項動詞であることを見てきたが（Gu 1992），次の例では V2 が 2 項動詞のように見える（Kishimoto and Yu 2018）。

(73)　那盘　　棋　　把　淘淘　下输　　　了　　一栋　　房子。
　　　　あ – CL　将棋　BA　淘淘　指す – 負ける　ASP　一 – CL　家
　　　　'淘淘が将棋を指して負けた結果，家をひと棟失った。'

(73) の"一栋房子"（ひと棟の家）は，一見，結果複合動詞"下输"（する – 負ける）の V2"输"（負ける）が選択する項に見える。'淘淘输了一栋房子'（淘淘がひと棟の家を負けた。）と言えるからである。しかしながら，以下の例を見ると，"一栋房子"（ひと棟の家）は"输"（負ける）の完全な項とは考えられない事実が存在する。まず，(73) の"一栋房子"（ひと棟の家）は"把"構文でのみ現れることができる。

(74)　*淘淘　下输　　　　了　　那盘　　棋　　一栋　　房子。
　　　　淘淘　指す – 負ける　ASP　あ – CL　将棋　一 – CL　家
　　　　'淘淘が将棋を指して負けた結果，家をひと棟失った。'

刘（他）（1983）によれば，"把"構文では，"把"の目的語は動詞によって受けた影響（affected）の後の結果を表すことができる。(73) では，"一栋房子"（ひと棟の家）は淘淘が負けた後の結果を表すことになる。そうすると，"一栋房子"（ひと棟の家）は，純粋に"输"（負ける）の項であるというよりは，"把"の目的語と意味的に関連して現れると考えられる。このことは，以下の例を見るとはっきりする。

(75) a.　他　把　我的腿　打　　了　　一块　　青斑。
　　　　　彼　BA　私の脚　殴る　ASP　一 – CL　あざ
　　　　　'彼が私の脚を殴った結果あざが 1 つできた。'

    b. *他　打　了　　一块　　青斑。

      彼　殴る　ASP　一－CL　あざ

      '彼があざを１つ殴った。'

    c. *他　打　了　　我的腿　一块　　青斑。

      彼　殴る　ASP　私の脚　一－CL　あざ

      '彼が私の脚を殴った結果あざが１つできた。'

（75b）が非文であることから，（75a）の"一块青斑"（１つのあざ）は"打"（殴る）の項として機能していないことがわかる。また，（75c）から（75a）も（73）と同じく，"把"構文でないと非文になることがわかる。そうすると，（75a）は（73）と同じふるまいを見せることになる。したがって，（73）で V2 の"输"（負ける）の第２の項としてふるまっているように見える"一栋房子"（ひと棟の家）は，実際には完全な項でないと考えるほうが妥当である。結局，Gu（1992）で議論されているとおり，結果複合動詞の V2 が２項動詞であることはないことになる。

　以上，2.3 節では結果複合動詞において目的語に動作主の解釈が可能な場合は，V1 が他動詞，自動詞，３項動詞にかかわらず，V1 の動作主と V2 の対象が意味的に同定される必要があることを示した。LCS 分析を用いると"冻死"（凍えさせる－死ぬ）のような結果複合動詞に動作主目的語が不可能であることをも説明できるが，Li（1995, 1999）や Her（2007）などの分析ではこの事実を説明することはできない。さらに，自動詞＋自動詞型と３項動詞＋自動詞型の動作主目的語構文においても"追累"（追う－疲れる）などの他動詞＋自動詞型と同じ原則が働くことを明らかにした。

2.4.　まとめ

　本章では，動作主であれば主語に具現されるという一般的な見解に反して，中国語の非動作主卓越構文のうちの結果複合動詞では動作主を目的語に具現できることを示した。Li（1995, 1999）の分析が複雑なリンキングルールを仮定することで結果複合動詞における動作主目的語を説明しているのに対して，本章で提案した LCS 分析は単純なルールさえ仮定すれ

ばよいことを示し，Li（1995, 1999）や Her（2007）などの分析では扱えない "跳烦"（跳ぶ−いらいらする）などの自動詞＋自動詞型と "教腻"（教える−飽きる）などの 3 項動詞＋自動詞型の構文も同じ原則で説明できることを示した。中国語の結果複合動詞は V1 と V2 の意味関係により異なる LCS が形成され，V2 の LCS が V1 の LCS の一部を形成するために，"冻死"（凍えさせる−死ぬ）などのタイプの LCS からは動作主目的語ができないことをも示した。もちろん，Li（1995, 1999）や Her（2007）は，"冻死"（凍えさせる−死ぬ）などのタイプの結果複合動詞で動作主目的語構文を作れないことを説明できない。このように Li（1995, 1999）や Her（2007）のメカニズムでは捉えられない現象が存在するという事実は，本分析が彼らの分析よりも妥当であることを如実に物語っていると言える。

第3章

双数量構文

3.1. はじめに

　第2章では，中国語の結果複合動詞構文で動作主が目的語に具現化されることがあることを見たが，結果複合動詞構文に加えて，中国語で動作主が目的語に現れると思える非動作主卓越構文はもう1つある。(1a) のような文がこれに相当する。

(1) a. 一锅　　饭　　吃　　　十个　　　人。
　　　 一－CL　ご飯　食べる　十－CL　人
　　　 'ひと鍋のご飯で10人の人間が食べることができる。'

　　　　　　　　　　　　　任 (2005: 15)（グロスと訳は筆者による）

　　 b. 十个　　　人　吃　　　一锅　　饭。
　　　 十－CL　人　食べる　一－CL　ご飯
　　　 '10人の人間がひと鍋のご飯を食べる。'

"吃"（食べる）は通常，動作主（食べる人）と対象（食べるもの）を項にとり，動作主（"十个人"）は主語に，対象（"饭"）は目的語に具現化され，(1b) の文が作られる。ところが，同じ "吃"（食べる）でも (1a) では食べる行為をする人 "十个人"（10人）は主語ではなく，目的語として現れている。(1a) のような文は中国語学で "供用句" と呼ばれる。この構文もまた動作主であれば主語に具現化されるという一般的な見解に反するような

語順になっている。

　（1a）のような文が存在することは，すでに李・范（1960）で議論されて
おり，中国語特有の構文であると論じられている。（1a）のような構文の
大きな特徴として，主語と目的語の間に数量対比の意味関係があること
が言われている（任 2005）。つまり，（1a）は 10 人の人間がひと鍋のご飯
を食べるという意味を単に表しているのではなく，ひと鍋のご飯で 10 人
の人間が食べることができるという数量対比関係を表すのである。そのた
め，（1a）から数量詞を取り除くと非文となる。裸名詞のままでは，数量
の意味が想起できず，主語と目的語の間で数量対比関係を表すことができ
ないからである。

(2) a. *饭　　吃　　十个　　人。
　　　ご飯　食べる　十－CL　人
　　　'ご飯で 10 人の人間が食べることができる。'
　　b. *一锅　　饭　　吃　　人。
　　　一－CL　ご飯　食べる　人
　　　'ひと鍋のご飯で人が食べることができる。'

（2a）では主語名詞句，（2b）では目的語名詞句がそれぞれ数量詞を伴わな
い裸名詞句として現れているが，どちらも非文である。さらに，次の（3）
のような例も主語と目的語の間に数量対比の関係が読み取れないために非
文となる。

(3) a. *一锅　　饭　　吃　　{他们 / 全家}。
　　　一－CL　ご飯　食べる　彼ら / 家族全員
　　　'ひと鍋のご飯で {彼ら / 家族全員} 食べることができる。'
　　b. 　一锅　　饭　　吃　　{他们 十个　　人 / 全家　　十口　　人}。
　　　一－CL　ご飯　食べる　彼ら　十－CL　人 / 家族全員　十－CL　人
　　　'ひと鍋のご飯で {彼ら 10 人 / 家族全員 10 人} が食べることがで
　　　きる。'

（3a）の"他们"（彼ら）と"全家"（家族全員）は複数の人間を想起させるが，数を指定しているわけではないので，"十个人"（10人）や"十口人"（10人）のような数量詞名詞句が現れる（3b）と比べて，主語との数量対比関係が読み取れない。

　他方，数量詞が必ずしも現れる必要のない場合があることにも留意されたい。（4）のような指示代名詞を含む場合は数量詞がなくとも数量の意味が想起できれば，容認される文となる。

（4）　这碗　　饭　　吃　　　十个　　人。
　　　こ‒CL　ご飯　食べる　十‒CL　人
　　　'このご飯で10人の人間が食べることができる。'

指示代名詞の"这"（こ）はそれ自体で「1つ」という数量の意味がある。実際，"这"は zhèi と発音されることがあるが，これは指示代名詞の「こ」を表す zhè と数字の1を表す yī が合わさったものである。そうすると，"这碗饭"（この1杯のご飯）と"十个人"（10人）の間に数量対比の意味関係が成立し，（4）は正しい文となる。また，（5）のように，主語に場所句をとることもでき，（5）でもやはり（4）と同様のことが言える。

（5）　这个　　餐厅　　　吃　　　一百个　人。
　　　こ‒CL　レストラン　食べる　百‒CL　人
　　　'このレストランは100人の人間が食べることができる。'

（5）の"这个餐厅"（このレストラン）は単に食べる場所を表しているのではなく，100人が食べることのできる広さであるという意味も表している。つまり，レストランと100人の間には広さと人数という数量対比の意味関係が読み取れるのである。

　以上の事実から，主語と目的語の間に数量対比の意味関係が読み取れることが，当該構文において重要な要素であることがわかる。このことから，第1章でも述べたように，本書では当該構文を「双数量構文」と呼ぶことにする。

　本章は，双数量構文において，動作主と対象が倒置された形で具現化されるのはなぜかということを明らかにする。以下では，（1a）の語順が可能となるのは，双数量構文に現れる動詞が明示的には現れていないものの実質的には数量対比関係を表す動詞"够"（足りる）と複合動詞を形成するからであることを示す。また，（1a）は対象"饭"（ご飯）が主語に，動作主"十个人"（10 人）が目的語に具現化されるパターンしか許されないが，この事実も本論で提案する分析から捉えられることを示す。さらに，一見，双数量構文に似ている"看"（診る）の用法についても検討し，実際には双数量構文とは別の現象であることを示す。しかしながら，"看"（診る）の項の文法関係もまた双数量構文と同様，見かけ上は現れない動詞が複合されていると考えることで，説明できることを示す。

　本章は議論を次のように進める。まず，3.2 節では，先行研究の問題点を指摘する。3.3 節では，（1a）が SVO 語順をなしていることを確かめた上で，語彙概念構造（LCS）による分析を提案する。より具体的には，双数量構文の概念構造は，動詞本来の LCS と"够"（足りる）に由来する数量対比関係の LCS とで合成される意味構造を形成することを示す。この意味構造により先行研究では捉えられない事実を説明することができる。3.4 節はまとめである。

3.2.　先行研究の問題点

　任（2005）は（1a）以外でも双数量構文には（6）のような動詞が現れることを示し，どの文も「与える」という意味があることで共通していると述べている。（6a）はひと壺の水で 3 人の人間が飲むことのできる量を与えていること，（6b）は 1 枚の布団で 3, 4 人の人間が寝るスペースを与えていること，（6c）は 1 つの家で 6 人の人間が住むことのできる空間を与えていること，そして（6d）は 1 つのベッドで 2 人のこどもが寝ることのできるスペースを与えていることを表している。

(6) a.　一壺　　水　喝　　三个　　人。
　　　　一－CL　水　飲む　三－CL　人

　　　　　　　‘ひと壺の水で 3 人の人間が飲むことができる。’
　　b.　一条　　　被子　盖　　三四个　　人。
　　　　一－CL　布団　被る　三四－CL　人
　　　　‘1 枚の布団で 3, 4 人の人間が被ることができる。’
　　c.　一间　　　房子　住　　六个　　　人。
　　　　一－CL　家　　住む　六－CL　人
　　　　‘1 つの家で 6 人の人間が住むことができる。’
　　d.　一张　　　床　　　　睡　　两个　　　孩子。
　　　　一－CL　ベッド　寝る　二－CL　こども
　　　　‘1 台のベッドで 2 人のこどもが寝ることができる。’
　　　　　　　　　　　　　　任（2005: 15）（グロスと訳は筆者による）

　任（2005）は双数量構文に「与える」という意味が含まれている根拠
として，当該構文が中国語で与えるという意味を表す動詞"给"とパラフ
レーズできることを示している。

（7）a.　一间　　　房子　给　　　六个　　　人　　住。
　　　　一－CL　家　　与える　六－CL　人　　住む
　　　　‘1 つの家で 6 人の人間が住むことができる。’
　　b.　一条　　　被子　给　　　三四个　　人　　盖。
　　　　一－CL　布団　与える　三四－CL　人　　被る
　　　　‘1 枚の布団で 3, 4 人の人間が被ることができる。’
　　c.　一张　　　床　　　　给　　　两个　　　孩子　睡。
　　　　一－CL　ベッド　与える　二－CL　こども　寝る
　　　　‘1 台のベッドで 2 人のこどもが寝ることができる。’
　　d.　一壶　　　水　　给　　　三个　　　人　　喝。
　　　　一－CL　水　　与える　三－CL　人　　飲む
　　　　‘ひと壺の水で 3 人の人間が飲むことができる。’
　　　　　　　　　　　　　　任（2005: 22）（グロスと訳は筆者による）

たしかに，双数量構文が表す数量対比の意味関係を（7）の"给"のパラフ

レーズは捉えることができるが，任 (2005) の分析は意味の記述に限られているため，そもそもなぜこの構文が「対象＋動詞＋動作主」の語順をとるのかという問題を解決できない。これに対して，Her (2009) では，双数量構文に含まれる数量対比の意味関係を踏まえた上で，双数量構文の語順を Lexical Functional Grammar (LFG) の枠組みから説明しようと試みている。(8) が "吃 (chi)"（食べる）を代表例とした双数量構文を説明するための具体的な提案である。

(8)　　chi　　<x̶–z　　y>

　　　IC:　　[+o]　　[−r]

　　　DC:　　[+r]

　　　　　　－－－－－－－－－－－

　　　　　　OBJ θ　S/O

　　　UMP: OBJ θ　S　　　　　　　　　　　　　　　　　　Her (2009: 29)

(8) の項構造 <x̶–z, y> は，"吃 (chi)"（食べる）が動作主 (x) と対象 (y) を項としてとることを示しており，さらに，x 項（動作主）には新しい項として「程度 (extent)」という意味役割を表す z 項が付加されている。Her (2009) は次の 2 点を仮定する。1 点目は，x 項は z 項が付加されることで抑制され (x̶)，その抑制された x 項はリンキングに関与しなくなるということ，2 点目は，(9) の Huang (1993) の意味役割の階層性を踏襲することである。

(9)　　ag > ben > go/exp > inst > pt/th > loc/ext

(9) の意味役割の階層性では，"ext"（程度）は階層性の一番低い位置にある。そのため，この階層性に従うと，(8) の項構造 <x̶–z, y> からは y（対象）が主語に，抑制された動作主 x を含む z (ext) が目的語に具現化される (1a) の語順しか許されないことになる。

　しかしながら，Her (2009) の分析では捉えることができない事実がいくつかある。それは以下のようなものである。まず，(10a) からわかるよ

うに，双数量構文は進行形にできない。さらに，（10b）のように，副詞
"剛才"（さきほど）と共起することもできない。

(10) a. [*]一锅　　饭　　在　　吃　　十个　　人。
　　　　一－CL　ご飯　PROG　食べる　十－CL　人
　　　　'ひと鍋のご飯で 10 人の人間が食べている。'
　　 b. [*]一锅　　饭　　刚才　　吃　　了　　十个　　人。
　　　　一－CL　ご飯　さきほど　食べる　ASP　十－CL　人
　　　　'ひと鍋のご飯で 10 人の人間がさきほど食べた。'

もちろん，（1b）の通常文であればこのようなふるまいは観察されな
い。（11）に示すとおり，（1b）の通常の構文では進行形にすることができ
（11a），さらに副詞"剛才"（さきほど）と共起することもできる（11b）。

(11) a. 十个　　人　　在　　吃　　一锅　　饭。
　　　　十－CL　人　PROG　食べる　一－CL　ご飯
　　　　'10 人の人間がひと鍋のご飯を食べている。'
　　 b. 十个　　人　　刚才　　吃　　了　　一锅　　饭。
　　　　十－CL　人　さきほど　食べる　ASP　一－CL　ご飯
　　　　'10 人の人間がさきほどひと鍋のご飯を食べた。'

Her（2009）のメカニズムでは，動作主（x）に程度（z）を付加することで，
"吃"（食べる）の項構造内における意味役割の階層性が逆転するだけなの
で，なぜ項の逆転が起きると，（10）と（11）の差が生まれるのかというこ
とを捉えることはできない。これに対して，本章で提案する語彙概念構造
による分析では，この問題を自然に説明できる。次節では，具体的な分析
を提案する。

3.3.　分析

3.3.1　語順

　具体的な提案に入る前に，まず（1a）のそれぞれの名詞句のもつ文法関係について確かめておくことにする。第２章でも見たように，中国語の主語テストには再帰代名詞束縛や所有者関係節化がある（Tan 1991, Huang et al. 2009）。まず，再帰代名詞"自己"（自分）のふるまいから，（1a）では動作主"十个人"（10 人）が主語になっていないことがわかる。（1a）で"十个人"（10 人）が倒置された主語として機能しているならば，再帰代名詞"自己"（自分）を先行詞にとれると予測されるが，（12a）に示すように，実際にはできないからである。これに対して，もちろん，（1b）の通常文では"十个人"（10 人）は主語なので，（12b）に示すとおり，"自己"（自分）を束縛することができる。

（12）a.　一锅　　　饭　　在自己$_{*i}$的家里　吃　　　十个　　　人$_i$。
　　　　　一 – CL　ご飯　自分の家で　　　食べる　十 – CL　人
　　　　　'10 人の人間が自分の家でひと鍋のご飯を食べることができる。'
　　　b.　十个　　　人$_i$　在自己$_i$的家里　吃　　　一锅　　　饭。
　　　　　十 – CL　人　　自分の家で　　　食べる　一 – CL　ご飯
　　　　　'10 人の人間が自分の家でひと鍋のご飯を食べる。'

　次に，所有者関係節化を見ると，（13b）に示すように，動作主に当たる（13a）の所有者名詞句"那家的三个孩子"（あの家の 3 人のこども）を関係節化することはできない。第２章でも議論したように，この関係節化は主語に対してのみ適用できるため，動作主として解釈される（13a）の所有者名詞句"那家的三个孩子"（あの家の 3 人のこども）が主語として機能していないことになる。これに対して，（13c）に示すように，対象に当たる（13a）の所有者名詞句"张三的这一件衣服"（張三のこの服）を関係節化することはできる。このことは（13a）の所有者名詞句"张三的这一件衣服"（張三のこの服）が主語として機能していることを示している（なお，

（13c）は構文の複雑さゆえに，話者によっては少し容認度は落ちるが，非文法的な（13ɔ）と比べるとその容認度は高い）。

(13) a. 张三 的　　 这 一件　　 衣服 穿 那家 （的）　 三个　　 孩子。
　　　 張三 GEN こ 一－CL 服　 着る あの家　GEN 三－CL こども
　　　 '張三のこの服であの家の3人のこどもが着ることができる。'
　　 b. *[张三 的　　这 一件　　 衣服 穿 ϕ_i 三个　　 孩子　 的] 那家$_i$
　　　　 張三 GEN こ 一－CL 服　 着る 三－CL こども GEN あの家
　　　　 '張三のこの服で3人のこどもが着ることができるあの家。'
　　 c. [ϕ_i这 一件　　 衣服 穿 那家 （的）　 三个　　 孩子] 的　　 张三$_i$
　　　　 こ 一－CL 服　 着る あの家 GEN 三－CL こども GEN 張三
　　　　 'この服であの家の3人のこどもが着ることができる張三。'

　以上，双数量構文では動作主は主語に具現化されていないことがわかる。また，第2章でも議論したように，中国語が厳格なSVO言語であることからも双数量構文では動作主が主語ではなく目的語に具現化されていることが推察される。次節では上記の事実を念頭に置いた上で，具体的な提案を提示する[1]。

3.3.2　提案

　Her（2009）の分析とは異なり，本論では（1a）のような双数量構文の語順は語彙概念構造から説明されることを提案する。より具体的には，双数量構文で現れる動詞は，見かけ上は単独の動詞であるが，実質的には数量対比関係を表す動詞"够"（足りる）と合成して複合動詞を形成することを提案する。このことは，（1a）の双数量構文が"够"（足りる）や複合動詞"够吃"（足りる－食べる）とパラフレーズできることからわかる。このこ

1　第2章でも議論したように，中国語において，ある名詞が目的語であることを確かめるテストとしては"把"構文がある。しかし，"把"構文を用いて，双数量構文に対して目的語をテストすることは難しい。なぜなら，双数量構文の目的語名詞句にはAffected（影響）の意味がないからである。（1a）でご飯を食べる10人が影響を受けているわけではない。

とを示すために，まず（14）の例から考えてみることにする。

(14)　一锅　　饭　　够　　　十个　　人　吃。
　　　一－CL　ご飯　足りる　十－CL　人　食べる
　　　'ひと鍋のご飯で 10 人の人間が食べることができる。'

(1a) の双数量構文と（14）は同じ意味を表し，動詞"够"（足りる）は'十
个人吃'（10 人が食べる。）という文を補部にとっている。（14）の主語名詞
句と目的語名詞句は (1a) と同じく数量詞を伴う必要がある。

(15) a. ＊饭　　够　　　十个　　　人　吃。
　　　　　ご飯　足りる　十－CL　人　食べる
　　　　　'ご飯で 10 人の人間が食べることができる。'
　　　b. ＊一锅　　饭　　够　　　　人　吃。
　　　　　一－CL　ご飯　足りる　人　食べる
　　　　　'ひと鍋のご飯で人が食べることができる。'

(15) からわかるように，"一锅饭"（ひと鍋のご飯）と"十个人"（10 人）
から数量表現を取り除くと，許容されない文となる。また，（10）と同じ
く，（14）も進行形や副詞"刚才"（さきほど）と共起することができない。

(16) a. ＊一锅　　饭　　够　　　十个　　人　在　　　吃。
　　　　　一－CL　ご飯　足りる　十－CL　人　PROG　食べる
　　　　　'ひと鍋のご飯で 10 人の人間が食べている。'
　　　b. ＊一锅　　饭　　刚才　　够　　　十个　　人　吃　　了。
　　　　　一－CL　ご飯　さきほど　足りる　十－CL　人　食べる　ASP
　　　　　'ひと鍋のご飯でさきほど 10 人の人間が食べることができた。'

さらに，後に議論するように，（1a）の双数量構文と同じく，具体的な時
間や場所を指定することもできない。

(17)a. *一锅　　饭　　昨天　够　　　十个　　人　吃　　　了。
　　　一－CL　ご飯　昨日　足りる　十－CL　人　食べる　ASP
　　　'ひと鍋のご飯で昨日 10 人の人間が食べることができた。'

　b. *一锅　　　饭　　在　食堂　够　　　十个　　人　吃。
　　　一－CL　ご飯　で　食堂　足りる　十－CL　人　食べる
　　　'ひと鍋のご飯で 10 人の人間が食堂で食べることができる。'

このように，（14）と（1a）は実質的に同じ意味を表し，同じ文法的制約が見られる。

　なお，（14）では"够"（足りる）と"吃"（食べる）が離れた位置に現れているが，"够"（足りる）と"吃"（食べる）を合成して，"够吃"（足りる－食べる）のような複合動詞を作ることもできる。

(18)a. 一锅　　饭　　够吃　　　　十个　　人。
　　　一－CL　ご飯　足りる－食べる　十－CL　人
　　　'ひと鍋のご飯で 10 人の人間が食べることができる。'

　b. *十个　　人　够吃　　　　一锅　　饭。
　　　十－CL　人　足りる－食べる　一－CL　ご飯
　　　'10 人の人間はひと鍋のご飯を食べるのに十分な人数である。'

(18a) では"够吃"（足りる－食べる）が複合動詞を形成して，(1a) の双数量構文と同じ意味を表している。また，(18a) に対応する (18b) の通常文を作れないことは，(18a) と (1a) が同じく対象項が主語に現れる数量対比関係を表す構文であることを示している。さらに，(18a) は (19) に示すとおり，進行形にできないこと，副詞"刚才"（さきほど）と共起しないこと，そして具体的な時間や場所を指定できないことという点においても，(1a) と同じ制約が見られる。

(19)a. *一锅　　饭　　在　　够吃　　　　十个　　人。
　　　一－CL　ご飯　PROG　足りる－食べる　十－CL　人
　　　'ひと鍋のご飯で 10 人の人間が食べ足りている。'

b. *一锅　　饭　　刚才　　　够吃　　　　　了　　十个　　人。
　　一－CL　ご飯　さきほど　足りる－食べる　ASP　十－CL　人
　　'ひと鍋のご飯でさきほど 10 人の人間が食べ足りた。'
c. *一锅　　饭　　昨天　够吃　　　　　了　　十个　　　人。
　　一－CL　ご飯　昨日　足りる－食べる　ASP　十－CL　人
　　'ひと鍋のご飯で昨日 10 人の人間が食べ足りた。'
d. *一锅　　　饭　　在　食堂　够吃　　　　　十个　　人。
　　一－CL　ご飯　で　食堂　足りる－食べる　十－CL　人
　　'ひと鍋のご飯で 10 人の人間が食堂で食べ足りる。'

このように，"够"（足りる）を含む（14）と（18）は（1a）と同じ文法的ふるまいをすることがわかる。そうすると，（1a）の双数量構文では，"够"（足りる）という概念が含まれているものの，"够"（足りる）は表層上には現れていないと考えることができる。つまり，「ひと鍋のご飯は 10 人の人間が食べることができる」という数量対比関係の意味が，（14）では，動詞"够"（足りる）の述部として，"十个人吃"（10 人が食べる）で表され，（18）では，"够吃"（足りる－食べる）という複合動詞関係で表されているのに対して，（1a）では，動詞"吃"（食べる）のみで表されているのである。双数量構文は，見かけは単独の動詞が現れているが，実質的には数量対比関係を表すため，双数量構文と通常文では意味が異なる。複合動詞"够吃"（足りる－食べる）と（1a）の双数量構文で同じふるまいをするということは，（1a）が実際には複合動詞"够吃"（足りる－食べる）を形成しており，表面上"够"（足りる）が省略されていると考えることができる。すなわち，双数量構文に含まれる数量対比関係の意味は，実質的に存在する"够"（足りる）に由来すると考えられるのである。

　双数量構文に現れる動詞の特徴として，口語的あるいは日常よく使われる動詞が現れるということが言われている（李・范 1960, 任 2005）。しかし，そのような条件は判断基準が難しい。ここでは，"够 V"を形成できるかどうかという点から，ある動詞が双数量構文に現れることができるかどうかを判断する。（20a）は双数量構文に現れることができる動詞，（20b）はできない動詞を表しており，（18）のように，"够"（足りる）と合

成して複合動詞を作ることができるのは，(20a) に限られる。

(20) a. "坐"（座る），"穿"（着る），"住"（住む），"喝"（飲む），"吃"
（食べる），"睡"（寝る），"盖"（被る），"洗"（洗う），"卖"（売
る），など

b. "做"（作る），"缝"（縫う），"争"（争う），"烧"（煮炊きする），
"倒"（注ぐ），"领"（受け取る），"借"（借りる），"得"（得る），
"买"（買う），など

(21) a. "够坐"（足りる−座る），"够穿"（足りる−着る），"够住"（足り
る−住む），"够喝"（足りる−飲む），"够吃"（足りる−食べる），
"够睡"（足りる−寝る），"够盖"（足りる−被る），"够洗"（足り
る−洗う），"够卖"（足りる−売る）

b. *"够做"（足りる−作る），*"够缝"（足りる−縫う），*"够争"
（足りる−争う），*"够烧"（足りる−煮炊きする），*"够倒"
（足りる−注ぐ），*"够领"（足りる−受け取る），*"够借"（足
りる−借りる），*"够得"（足りる−得る），*"够买"（足りる−
買う）

(21) は双数量構文に現れる動詞は "够"（足りる）と複合動詞を作ること
ができ，現れない動詞は "够"（足りる）と複合動詞を形成できないことを
示している。このことは，(22) と (23) からもわかる。

(22) a. 这么　小　　的　　沙发　够坐　　　吗？
こんな 小さい GEN ソファ 足りる−座る Q
'こんな小さいソファで座るのに足りますか？'

b. 60平米 的　　房子　够住　　　吗？
60平米　GEN　家　足りる−住む Q
'60平米の家で住むのに足りますか？'

c. 这　　一点儿 酒 不　　够喝。
この 少し　酒 NEG 足りる−飲む
'こんな少しの酒では飲むのに足りない。'

d. 这么　小　　　的　　被子　不　　够盖。

　　こんな　小さい　GEN　布団　NEG　足りる－被る

　　'こんな小さな布団では被るのに（大きさが）足りない。'

(23) a. *这么　小　　　的　　锅　够做　　　　吗？

　　こんな　小さい　GEN　鍋　足りる－作る　Q

　　'こんな小さい鍋で作るのに（スペースが）足りますか？'

b. *这么　少　　　的　　水　够倒　　　　吗？

　　こんな　少ない　GEN　水　足りる－注ぐ　Q

　　'こんな少ない水で注ぐのに（量が）足りますか？'

c. *30 平米　的　　　房子　不　　　够借。

　　30 平米　　GEN　家　　NEG　　足りる－借りる

　　'30 平米の家では借りるのに（スペースが）足りない。'

d. *一块　　金牌　　　不　　够得。

　　一－CL　金メダル　NEG　足りる－得る

　　'1 つの金メダルでは得るのに（量が）足りない。'

以上のように，双数量構文に現れる動詞が"够"（足りる）と合成して複合動詞を形成することができるという事実は，表面上には現れない"够"（足りる）が双数量構文に存在する根拠を示していることに他ならない。

　このような見方をとると，(1a) の語順を説明することができるようになる。このことを示すために，まず (18) の"够吃"（足りる－食べる）の意味構造について考えてみることにする。第 2 章でも議論したように，複合動詞はそれぞれの動詞の LCS を合成することで作られる。"够吃"（足りる－食べる）の LCS を示す前に，まず"够"（足りる）の LCS について考えてみることにする。

　(14) と (18) からわかるように，"够"（足りる）は動詞として使うことができるので，語彙概念構造をもつことができる。本章では，量・程度が充足するという意味を表す"够"（足りる）の意味述語として ENOUGH を仮定する。"够"（足りる）の LCS は (24) のように記述できる。

(24)　"够"（足りる）

[PROPERTY y ENOUGH x [EVENT …]]   （x=unspecified, y=theme）

（24）の ENOUGH は対象（y）が x が何かをするのに十分な量・程度であることを表している。（14）からわかるように，"够"（足りる）は補部として事象をとっている。この事象自体には具体的な内容は指定されないので，[EVENT …] のように事象が未指定された意味構造として表されている。なお，"够"（足りる）がとる項 y と x のうち，x の意味役割は未指定であり，この x に [EVENT …] 内の項と同定されることになる。また，ENOUGH という意味述語から（24）は，あるもの（y）の性質（property）を表すことがわかる（なお，便宜上，後項動詞の変項はイタリックで表記する）。

　　（24）に"吃"（食べる）の意味構造が合成されると，"够吃"（足りる－食べる）の意味構造が出来上がることになる。具体的には，"够吃"（足りる－食べる）の意味構造は，（25c）に示すような（24）の LCS に含まれる事象が未指定の意味構造 [EVENT …] に"吃"（食べる）の LCS が埋め込まれる形で表すことができる。

（25）a.　"够"（足りる）

　　　　[PROPERTY y ENOUGH x [EVENT …]]

　　　b.　"吃"（食べる）

　　　　[[EVENT x DO ON y] CAUSE [EVENT y BECOME [STATE y BE CONSUMED]]]

　　　c.　"够吃"（足りる－食べる）

　　　　[PROPERTY y ENOUGH x [[EVENT x DO ON y] CAUSE [EVENT y BECOME [STATE y BE CONSUMED]]]]

（26）a.　$<y_{i/j}, x_{m/n}>$, $<x_{i/m}, y_{j/n}>$

　　　b.　$<x/x, y/y>$ or $<y/x, x/y>$

（27）a.　* $<x/x,\quad y/y>$　b. * $<y/x,\quad x/y>$　c. $<x/x,\quad y/y>$　d. * $<y/x,\quad x/y>$

SUB	OBJ	SUB	OBJ	SUB	OBJ	SUB	OBJ
一锅饭	十个人	一锅饭	十个人	一锅饭	十个人	一锅饭	十个人

〈*x*=agent, *y*=theme, x=unspecified, y=theme〉

（25a）と（25b）はそれぞれ"够"（足りる）と飲食動詞"吃"（食べる）の意味構造を表している（飲食動詞の LCS については第 4 章 4.3.2 節も参照）。"吃"（食べる）が双数量構文で使われると，（25c）のように，"够"（足りる）と"吃"（食べる）が合成して複合動詞を形成し（以下，V1, V2 と呼ぶ），（25c）の LCS が作られることになる。この LCS から（26a）で示されている項構造 $<y_{i/j}, x_{m/n}>$, $<x_{i/m}, y_{j/n}>$ が形成される。前者は"够"（足りる），後者は"吃"（食べる）の項構造である。（18a）からわかるように，複合動詞"够吃"（足りる – 食べる）は 2 項述語なので，インデックス i, j, m, n により V1 と V2 の項が同定され，（26b）で示されているような 2 つの項構造が形成される。1 つは，V1 の x 項（未指定）と V2 の x 項（動作主），そして量・程度を表す V1 の y 項（対象）と V2 の y 項（対象）が同定された項構造 $<x/x, y/y>$ である。もう 1 つは，量・程度を表す V1 の y 項（対象）と V2 の x 項（動作主），そして V1 の x 項（未指定）と V2 の y 項（対象）が同定された項構造 $<y/x, x/y>$ である。この 2 つの項構造から論理的に可能なリンキングは（27a, b, c, d）のように 4 つある。そのうち，実際には（27c）のみが可能なリンキングとなる。このパラダイムは，（28）のリンキングルールによって説明することができる。

（28）　項 α が対象または場所（内項）であるとき，かつ，そのときに限り，
　　　　項 α は主語にリンクされる

　（28）のルールは，対象または場所である項が主語にリンクされていない場合と対象または場所でない項が主語にリンクされている場合を排除することになる。（27a, b, c, d）のうち，（28）のルールを満たしているのは（27c）だけである。（27a, d）では動作主（x）が主語に，（27a, b, d）では対象（y か y のいずれか）が目的語に具現化されているので，（28）のルールに違反することになる。要するに，（25）からは（27c）のリンキングパターンしかありえないので，対象が主語に，そして動作主が目的語に具現化される語順が作られることになり，（18a）が唯一の可能性となるわけである。

　ここで，場所が主語に現れる双数量構文を少し見ておくと，（6）でも示したように，双数量構文の主語には場所名詞も現れることができる。

(29) a.　一间　　房子　住　　六个　　人。
　　　　　一 − CL　家　　住む　六 − CL　人
　　　　　‘ 1 つの家で 6 人の人間が住むことができる。’
　　　b.　一张　　床　　　睡　　两个　　孩子。
　　　　　一 − CL　ベッド　寝る　二 − CL　こども
　　　　　‘ 1 台のベッドで 2 人のこどもが寝ることができる。’

(29a) の“一间房子”（1 つの家）は住む場所，(29b) の“一张床”（1 台のベッド）は寝る場所をそれぞれ表している。場所表現は次の (30) のように，前置詞“在”（で）を伴って現れることもでき，この場合，場所句は付加詞である。

(30) a.　六个　　人　在　一间　　房子　里　住。
　　　　　六 − CL　人　で　一 − CL　家　　中　住む
　　　　　‘ 6 人の人間が 1 つの家で住む。’
　　　b.　两个　　孩子　在　一张　　床　　上　睡。
　　　　　二 − CL　こども　で　一 − CL　ベッド　上　寝る
　　　　　‘ 2 人のこどもが 1 台のベッドで寝る。’

　(28) のルールには，場所（内項）とあるので，(30) のような例を見ると，場所が内項として機能していないように思える。しかし，次章でも詳しく議論するように，中国語では，場所句を目的語（内項）として使うことができる。次の (31) に見るように，場所句“这个公园”（この公園）は前置詞の“在”（で）を伴うことなく，動詞の目的語位置に現れている。

(31)　张三　没　　走　　过　　这个　　公园。
　　　张三　まだ　歩く　ASP　こ − CL　公園
　　　‘張三はまだこの公園を歩いたことがない。’

（31）と同様の構文を（30）でも作ることができる。

（32）a.　六个　　人　住　　一间　　房子。
　　　　　　六 – CL　人　住む　一 – CL　家
　　　　　　‘ 6 人の人間が 1 つの家に住む。’
　　　b.　两个　　孩子　睡　　一张　　床。
　　　　　　二 – CL　こども　寝る　一 – CL　ベッド
　　　　　　‘ 2 人のこどもが 1 台のベッドに寝る。’

（31）と（32）が同じようにふるまうことから，（32）の場所句は単に動作を行う場所を示すのではなく，動詞の内項としてふるまうことがわかる。このことは，（32）に動作を行う場所句を付け加えることはできるが，（30）ではそのようなことはできないことからもわかる。

（33）a.　六个　　人　在　西宫　住　　一间　　房子。
　　　　　　六 – CL　人　で　西宫　住む　一 – CL　家
　　　　　　‘ 6 人の人間が西宫で 1 つの家に住む。’
　　　b.　两个　　孩子　在　妈妈的房间　　睡　　一张　　床。
　　　　　　二 – CL　こども　で　お母さんの部屋　寝る　一 – CL　ベッド
　　　　　　‘ 2 人のこどもがお母さんの部屋で 1 台のベッドに寝る。’
（34）a.　*六个　　人　在　西宫　在　一间　　房子　里　住。
　　　　　　六 – CL　人　で　西宫　で　一 – CL　家　　中　住む
　　　　　　‘ 6 人の人間が西宫で 1 つの家に住む。’
　　　b.　*两个　　孩子　在　妈妈的房间　　在　一张　　床　　上　睡。
　　　　　　二 – CL　こども　で　お母さんの部屋　で　一 – CL　ベッド　上　寝る
　　　　　　‘ 2 人のこどもがお母さんの部屋で 1 台のベッドで寝る。’

　さて，（28）のルールは（18）の前項動詞 “够”（足りる）に動機づけられるものである。通常，動作主は事象文に現れ，性質（property）を表す文には現れない。“够”（足りる）の意味（構造）からもわかるように，数量対比関係の意味は出来事ではなく，性質を表している。性質により叙述され

る項は対象であるため，事象文とは異なり，（28）のルールが規定される
ことになるのである。つまり，動作主が主語にリンクできなくなるのであ
り，実際，動作主が主語に現れる（18b）は容認されない。

　以上のメカニズムを踏まえた上で，再度（1a）の双数量構文の意味構造
を考えてみることにする。前述したように，複合動詞"够吃"（足りる－
食べる）と（1a）は同じ文法的ふるまいを見せ，どちらも数量対比関係の
意味を表す。このことから，（1a）も（25）と同じメカニズムが働いている
と考えることができる。ただし，双数量構文では"够"（足りる）は見かけ
上は現れないので，（35c）のように"（够）吃"（（足りる）－食べる）と表
記しておく。

(35) a. "够"（足りる）

[PROPERTY y ENOUGH x [EVENT ...]]

b. "吃"（食べる）

[[EVENT x DO ON y] CAUSE [EVENT y BECOME [STATE y BE
CONSUMED]]]

c. "（够）吃"（（足りる）－食べる）

[PROPERTY y <u>ENOUGH</u> x [[EVENT x DO ON y] CAUSE [EVENT y BECOME
[STATE y BE CONSUMED]]]]

(36) a. $<y_{i/j}, x_{m/n}>$, $<x_{i/m}, y_{j/n}>$

b. $<x/x, y/y>$ or $<y/x, x/y>$

(37) a. $^*<x/x,\quad y/y>$　b. $^*<y/x,\quad x/y>$　c. $<x/x,\quad y/y>$　d. $^*<y/x,\quad x/y>$

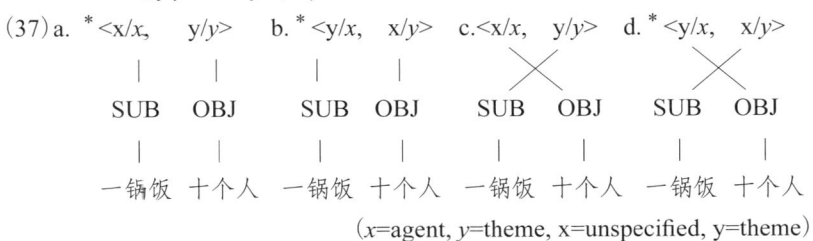

　　　　　　SUB　OBJ　　SUB　OBJ　　SUB　OBJ　　SUB　OBJ

　　　　　　一锅饭　十个人　一锅饭　十个人　一锅饭　十个人　一锅饭　十个人

（x=agent, y=theme, x=unspecified, y=theme）

(35) は（25）と同じメカニズムで派生されるので，当然，対象が主語，動
作主が目的語に具現化される語順が（1a）の双数量構文で可能な唯一の語
順となる。このように，双数量構文に現れる動詞は，実質的には，複合動

詞 "够吃"（足りる－食べる）を形成し，（1a）では "够"（足りる）が見かけ上現れていないと考えると，双数量構文の語順及び項の文法関係を説明することができるようになるのである。

　実際，双数量構文における動詞が表面上は単独で現れていても実質的には複合動詞が作り出されるとする（35）の分析の妥当性は，（38a）の文で程度副詞 "足够"（十分に）が現れることができることから裏付けられる。もちろん，"足够"（十分に）は，（38a）に対応する通常文（38b）では共起できない。

(38) a.　一锅　　饭　足够　　吃　　　十个　　人。
　　　　一－CL　ご飯　十分に　食べる　十－CL　人
　　　　'ひと鍋のご飯で十分に 10 人の人間が食べることができる。'
　　b. *十个　　人　足够　　吃　　　一锅　　饭。
　　　　十－CL　人　十分に　食べる　一－CL　ご飯
　　　　' 10 人の人間はひと鍋のご飯を食べるのに十分である。'

（38a）の双数量構文では，ひと鍋のご飯で 10 人の人間が食べることができるという量を表すので，"足够"（十分に）を伴って，十分な量であるという意味を表すことができる。これに対して，（38b）の通常文は，単に 10 人の人間がひと鍋のご飯を食べるという事象を表すので，"足够"（十分に）を伴って，ひと鍋のご飯を食べるのに 10 人の人間が十分な量であるという意味を表すことにはならない。この "足够"（十分に）は，双数量構文で表面上現れないが実質的に存在する（35c）の意味述語 ENOUGH を修飾している。（38a, b）で意味が異なるということは，2 つの構文がもつ意味構造が異なることを示している。（1a）の双数量構文は，動詞 "吃"（食べる）の LCS だけではなく，"够"（足りる）のもつ LCS と合成された（35c）の LCS を形成すると考えることができるのである。

　（35c）の意味構造についてもう 1 つ大事なことは，数量対比関係の意味構造がハイライトされ（下線部），元の動詞の意味構造は背景化されるという点である。数量対比の意味がハイライトされていることは，（39）を見るとはっきりする。

(39) a. *一锅　　饭　　慢慢地　　吃　　十个　　人。
　　　一－CL　ご飯　ゆっくりと　食べる　十－CL　人
　　　'ひと鍋のご飯で 10 人の人間がゆっくりと食べることができる。'

　　b. 十个　　人　慢慢地　　吃　　一锅　　饭。
　　　十－CL　人　ゆっくりと　食べる　一－CL　ご飯
　　　'10 人の人間がゆっくりとひと鍋のご飯を食べる。'

（39b）とは異なり，双数量構文（39a）では，副詞“慢慢地”（ゆっくりと）と共起することができない。“慢慢地”（ゆっくりと）は動詞の行為（LCSでは DO に当たる）の様態を修飾する副詞であるが，次章でも見るように，この副詞は背景化された LCS の意味述語を修飾することはできない。3.2 節で見た Her（2009）の分析は動作主に程度という意味役割を付け加えるだけなので，（39a, b）の差を捉えることはできない。

　本論で提案する（35）の分析は先行研究では説明できない（40）の事実を以下のように説明することができる。（35b）からもわかるように，“吃”（食べる）本来の意味構造では，誰かが何かを食べるという事象（event）が指定されている。一方，（35c）の合成された LCS には事象の指定がない。前述したように，意味述語 ENOUGH から，合成された LCS は性質（property）を表す。そのために，（40）に示すように，双数量構文では，具体的な時間や場所を指定する表現とは共起できないのである。

(40) a. *一锅　　饭　昨天　吃　　了　十个　　人。
　　　一－CL　ご飯　昨日　食べる　ASP　十－CL　人
　　　'昨日，ひと鍋のご飯で 10 人の人間が食べることができた。'

　　b. *一锅　　饭　在　食堂　吃　　了　十个　　人。
　　　一－CL　ご飯　で　食堂　食べる　ASP　十－CL　人
　　　'食堂で，ひと鍋のご飯で 10 人の人間が食べることができた。'

これに対して，もちろん，（1b）のように，誰かが何かを食べる行為を表す事象文は具体的な時間や場所表現と共起することができる。

(41) a. 　十个　　　人　昨天　吃　　　了　　一锅　　饭。
　　　　　 十 – CL 　人　昨日　食べる　ASP 　一 – CL　ご飯
　　　　　 '10 人の人間が昨日ひと鍋のご飯を食べた。'

　　　 b. 　十个　　　人　在食堂　吃　　　了　　一锅　　饭。
　　　　　 十 – CL 　人　で　食堂　食べる　ASP 　一 – CL　ご飯
　　　　　 '10 人の人間が食堂でひと鍋のご飯を食べた。'

このように，双数量構文の意味構造に性質（property）が指定されるために，具体的な時間や場所を指定する表現は現れないのである。

　（35c）に事象の指定がないことは（42）からも明らかである。（42）に示すように，双数量構文は完結性を表す時間副詞"花了一个小时"（1 時間で）も非完結性を表す時間副詞"一个小时"（1 時間）も許さない。もちろん，対応する通常文ではどちらも現れることができる（ただし，"吃"（食べる）は達成動詞なので for 時間副詞は少し容認性が落ちる）。

(42) a. *一锅　　　饭　　花了一个小时　吃　　　了　　十个　　　人。
　　　　　 一 – CL　ご飯　一時間で　　　　食べる　ASP 　十 – CL　人
　　　　　 'ひと鍋のご飯で 10 人の人間が一時間で食べることができた。'

　　　 b. *一锅　　　饭　　吃　　　了　　一个小时　十个　　　人。
　　　　　 一 – CL　ご飯　食べる　ASP 　一時間　　　十 – CL　人
　　　　　 'ひと鍋のご飯で 10 人の人間が一時間食べた。'

(43) a. 　十个　　　人　花了一个小时　吃　　　了　　一锅　　饭。
　　　　　 十 – CL 　人　一時間で　　　　食べる　ASP 　一 – CL　ご飯
　　　　　 '10 人の人間が 1 時間でひと鍋のご飯を食べ（終わっ）た。'

　　　 b. ?十个　　　人　吃　　　了　　一个小时　一锅　　　饭。
　　　　　 十 – CL 　人　食べる　ASP 　一時間　　　一 – CL　ご飯
　　　　　 '10 人の人間が 1 時間ひと鍋のご飯を食べた。'

（43）の通常文とは異なり，双数量構文は性質（property）を表す文なので，（42）のように，ある行為が行われる時間を指定することはできないのである（Vendler 1967）。

　ここで (10) に再び戻ると，(10a) の双数量構文で進行形が現れないの
は，(35c) の LCS に事象が指定されていないからであると考えることが
できる。これは (44) のような例を見るとわかる。

(44) a. ＊一锅　　饭　在　　吃　　十个　　人。
　　　　　一－CL　ご飯　PROG　食べる　十－CL　人
　　　　　'ひと鍋のご飯で 10 人の人間が食べている。'
　　　b.　十个　　人　在　　吃　　一锅　　饭。
　　　　　十－CL　人　PROG　食べる　一－CL　ご飯
　　　　　'10 人の人間がひと鍋のご飯を食べている。'

(44b) で進行形ができるのは (35b) の"吃"(食べる) の LCS に事象 (event) が
指定されているからであり，(44a) で進行形ができないのは (35c) の"(够)
吃"((足りる)－食べる) の LCS に事象が指定されていないからである。こ
のように，双数量構文で進行形が現れないことは，性質を表す (35c) の LCS
に事象 (event) が指定されていないことから自然に説明されることになる。
もちろん，Her (2009) の分析ではこの事実を説明することはできない。
　また，(35) の分析は (10b) が非文になることも説明することができる。
副詞"刚才"(さきほど) はある事象が起こった時点を指定する表現である。
しかし，双数量構文では動詞本来の意味構造と ENOUGH が合成されるこ
とで，事象 (event) が指定されない LCS が形成されることになり，(10b)
のように，出来事のある時点を修飾する副詞"刚才"(さきほど) とは相容
れなくなる。もちろん，Her (2009) の分析はこの事実も説明できない。
　以上，双数量構文の動詞は見かけ上，単独で現れるが，隠された動詞
"够"(足りる) と複合すると，数量対比関係を表す意味述語 ENOUGH が
合成されて，双数量構文が作られることを提案した。本分析では，双数
量構文で様態副詞が現れないこと，進行形にできないこと，副詞"刚才"
(さきほど) が現れないことなどの事実を無理なく説明することができる。

3.3.3　3 項動詞とその目的語名詞の解釈

　前節までの議論で明らかになったように，双数量構文は対象 (y) が，

動作主 (x) が動作するのに十分な量や空間を提供するという意味があり，このような意味が想定されやすい動詞は，双数量構文に現れうる (任 2005)。

(45) a.　一瓶　　酒　喝　三个　　人。
　　　　　　一－CL　酒　飲む　三－CL　人
　　　　　　'ひと瓶の酒で3人飲むことができる。'
　　　b.　一张　　沙发　坐　　三四个　　人。
　　　　　　一－CL　ソファ　座る　三四－CL　人
　　　　　　'1つのソファで3, 4人座ることができる。'

(45a) はひと瓶のお酒で3人の人間が飲むのに十分な量であること，(45b) は1つのソファで3, 4人の人間が座るのに十分な広さであることをそれぞれ表している。(45) のような2項動詞に加えて，(46) のような3項動詞も双数量構文に現れうる。

(46) a.　张三　卖　　了　李四　一本　　书。
　　　　　　張三　売る　ASP　李四　一－CL　本
　　　　　　'張三は李四に1冊の本を売った。'
　　　b.　我　给　　了　他　一本　　书。
　　　　　　私　あげる　ASP　彼　一－CL　本
　　　　　　'私は彼に1冊の本をあげた。'

(46) の動詞"卖"（売る）と"给"（あげる）はそれぞれ動作主（売る人 / あげる人），対象（売るもの / あげるもの）そして着点あるいは受益者（買う人 / もらう人）を項にとる3項動詞である。(46) もまた双数量構文を作ることができる。

(47) a.　这本　　书　卖　三个　　人。
　　　　　　こ－CL　本　売る　三－CL　人
　　　　　　(i)　'この本は3人の人間に売れる。'

  (ii)＊'この本は3人の人間が売ることができる。'
 b. 这本 书 给 三个 人。
   こ－CL 本 あげる 三－CL 人
  (i) 'この本は3人の人間にあげることができる。'
  (ii)＊'この本は3人の人間があげることができる。'

前節で議論してきた2項動詞とは異なり，(47a, b)の目的語名詞"三个人"（3人）はそれぞれ動作主ではなく受益者としてしか解釈されない。すなわち，(47a)は売った人が3人，(47b)はあげた人が3人とは解釈できず，買う人が3人，もらう人が3人という解釈になる。以下では，3項動詞でも"吃"（食べる）と基本的に同じメカニズムで意味解釈がなされることを示し，意味構造から目的語名詞は受益者としてしか解釈できないことを示す（なお，(47)の主語名詞句には数量詞表現は明示されていないが，すでに述べたように，"这"には「一」という数量が含まれている）。

 "吃"（食べる）と同じく，"卖"（売る）も"够卖"（足りる－売る）のような複合動詞を作ることができるので，双数量構文の"卖"（売る）の意味構造は，(48)のように派生される。

(48)a. "够"（足りる）

   [PROPERTY y ENOUGH x [EVENT ...]]

 b. "卖"（売る）

   [EVENT [EVENT x DO] CAUSE [EVENT y BECOME [STATE y BE AT z]]]

 c. "（够）卖"（（足りる）－売る） ↓

   [PROPERTY y ENOUGH x [EVENT y BECOME [STATE y BE AT z]]]

(49)a. $<y_{i/j}, x_{m/n}>, <y_{i/m}, z_{j/n}>$

 b. $<x/y, y/z>$ or $<y/y, x/z>$

(50)a. ＊$<x/y,\quad y/z>$ b. $<y/y,\quad x/z>$ c. ＊$<x/y,\quad y/z>$ d. ＊$<y/y,\quad x/z>$
     | | | | ✕   ✕
   SUB OBJ SUB OBJ SUB OBJ SUB OBJ
    | | | | | | | |
   这本书 三个人 这本书 三个人 这本书 三个人 这本书 三个人

　　　　（y=theme, x= unspecified, *x*=agent, *y*=theme, z=recipient）

　（48a）と（48b）はそれぞれ"够"（足りる）と"卖"（売る）の語彙概念構造を表している。具体的には，（48b）は誰か（*x*）がある行為をして，対象（*y*）が受益者（z）のところに存在するようになるという意味を表している。対象が受益者のところに存在するということは，受益者が対象を所有することになる。これは第４章で詳しく議論するように，所有と存在の間に推論規則があるからである（Pinker 1989）。（1a）の"吃"（食べる）と同じく，"卖"（売る）が双数量構文で使われると，（48c）のように，"够"（足りる）と"卖"（売る）が合成して複合動詞を形成し，（48c）のLCS が作られることになる。このとき，"卖"（売る）の語彙概念構造から"够"（足りる）と合成されるのは，（48b）の波線で表されているように，CAUSE 以下の下位事象のみとなる。これは"够"（足りる）に由来する数量対比関係の意味を含む双数量構文の"卖"（売る）では，結果に焦点があるからである。

　（47a）の日本語訳からわかるように，"卖"（売る）が双数量構文で使われると，（48b）の上位事象の [x DO] に当たる解釈はなくなる。（48c）の LCS から，（49a）の項構造 $<y_{i/j}, x_{m/n}>$, $< y_{i/m}, z_{j/n}>$ が形成される。前者は"够"（足りる），後者は"卖"（売る）の項構造である。次に，（49a）の項構造からは，２つの項構造が作られる。１つは，V1 の x 項（未指定）とV2 の *y* 項（対象），そして量・程度を表す V1 の y 項（対象）と V2 の z 項（受益者）が同定される項構造 <x/*y*, y/z> である。もう１つは，量・程度を表す V1 の y 項（対象）と V2 の *y* 項（対象），そして V1 の x 項（未指定）と V2 の z 項（受益者）が同定される項構造 <y/*y*, x/z> である。この２つの項構造から論理的に可能なリンキングは（50a, b, c, d）のように４つある。そのうち，実際には（50b）のみが可能なリンキングとなる。これは（28）のルールから説明できる。（28）のルールでは直接内項は主語にリンクされなければならないので，それが目的語にリンクされる（50a, c, d）は（28）に違反することになる。したがって，（48c）の語彙概念構造からは，対象が主語に，受益者が目的語に具現化される語順が（47a）の唯一の可能性となる（なお，V1 の x 項の意味役割は未指定なので，x/z は受益者の解

釈になる）。

3項動詞が双数量構文で使われると，その意味構造で行為を表すLCSに含まれる項（x）が項の具現化に関与しなくなるという（48）の分析は，（51b）の"买'（買う）が双数量構文に現れないことも説明できる。"买"（買う）はその参与者として，買う人（動作主），買うもの（対象），売る人（起点）が考えられる。ただし，（51a）からわかるように，売る人は通常，前置詞句として現れる。

(51) a. 三个　　人　从　　他们　两个　　人　买　了　　这本　　书。
　　　　　三-CL　人　から　彼ら　二-CL　人　買う　ASP　こ-CL　本
　　　　　'3人の人間が彼ら2人からこの本を買った。'
　　　b. *这本　　书　买　三个　　人。
　　　　　こ-CL　本　買う　三-CL　人
　　　　　'この本で3人の人間が買うことができる。'

(51b) からわかるように，"卖"（売る）とは異なり，"买"（買う）は双数量構文に現れない。このことは，"买"（買う）の意味構造を考えるとわかる。"买"（買う）のLCSは（52）のように記述することができる。

(52)　　[EVENT [EVENT x DO] CAUSE [EVENT y BECOME [STATE y BE AT x & y NOT BE AT z]]]　　　　　　　　　　　　（x=agent, y=theme, z=source）

(52) は誰か（x）がある行為をして，その結果何か（y）がz（売り手）からxのところに存在することを意味している。つまり，xがyを買うことで所有するということを表している。（48）で議論したように，3項動詞の意味構造で行為を表すLCSは双数量構文では取り除かれ，動作主（x）はリンキングから除外される必要がある。しかし，（52）に含まれる行為を表すLCS [EVENT x DO] を取り除いても，（52）ではCAUSE以下の下位事象にx項が含まれているため，結局x項を取り除くことはできない。したがって，"买"（買う）は（51b）の双数量構文を作ることができないのである。

このような分析は，他の着点主語をとる動詞も同じように双数量構文に

現れることができないことを予測する。実際，"买"（買う）のように，着点が主語となる動詞は双数量構文にできない。(53)に示すように，"领"（受け取る），"借"（借りる）は双数量構文に不適格である。

(53) a. *一张　　桌子 领　　　三个　　人。
　　　　一－CL 机　　受け取る　三－CL 人
　　　　'1脚の机で3人の人間が受け取ることができる。'
　　 b. 三个　　人 从　　他们 两个　　人 领　　　了　一张　　桌子。
　　　　三－CL 人 から　彼ら 二－CL 人 受け取る ASP 一－CL 机
　　　　'3人の人間が彼ら2人から一脚の机を受け取った。'
　　 c. *一把　　椅子 借　　　两个　　孩子。
　　　　一－CL 椅子　借りる　二－CL こども
　　　　'1脚の椅子で2人のこどもが借りることができる。'
　　 d. 两个　　孩子 从　　他们 两个　　人 借　　　了　一把　　椅子。
　　　　二－CL こども から　彼ら 二－CL 人 借りる ASP 一－CL 椅子
　　　　'2人のこどもが彼ら2人から1脚の椅子を借りた。'

"领"（受け取る）は項として，動作主（受け取る人），対象（受け取るもの），起点（あげる人）をとる。"借"（借りる）もまた項として，動作主（借りる人），対象（借りるもの），起点（貸す人）をとり，どちらも (53b, d) のように，動作主（＝着点）を主語にとる3項動詞である。したがって，"领"（受け取る）と"借"（借りる）は (52) と同じタイプの LCS を形成することになる。"买"（買う）と同じく，LCS の上位事象を取り除いても結局，x 項を取り除くことができないため，(53a, c) の双数量構文を作ることはできない。

　このように，程度や空間を提供するという意味に対して，取得の意味を表す動詞が双数量構文にならないことは次の対比からもわかる（任2005）。動詞"租"は (54) に示すように，2通りの意味がある。1つは (54a) の賃貸しをするという意味で，もう1つは (54b) の賃借りをするという意味である。

(54) a.　张三　把　这间　　房子　租　　　　　给　了　　他们　三个。
　　　　　張三　BA　こ−CL　家　　賃貸しする　に　ASP　彼ら　三−CL
　　　　　'張三はこの家を彼ら 3 人に賃貸しした。'
　　　b.　他们　三个　　　租　　　　　了　这间　　房子。
　　　　　彼ら　三−CL　賃借りする　ASP　こ−CL　家
　　　　　'彼ら 3 人はこの家を賃借りした。'

このうち，(54a) の「賃貸しをする」という意味での"租"は，空間を提供するという意味を表し，(54b) の「賃借りをする」という意味での"租"は，取得の意味を表す。そうすると，前者は双数量構文を作ることができ，後者はできないことが予測されるが，この予測は以下に示すとおり，まさに正しい ((55a) は作例)。

(55) a.　一间　　房子　租　　　　　六个　　人
　　　　　一−CL　家　　賃貸しする　六−CL　人
　　　　　' 1 つの家で 6 人の人間に賃貸しすることができる。'
　　　b.　*一间　　房子　租　　　　　六个　　　人。
　　　　　一−CL　家　　賃借りする　六−CL　人
　　　　　' 1 つの家で 6 人の人間が借りることができる。'　　任 (2005: 18)

家を借りるということは対象物を取得することになる。同じ動詞"租"であっても取得の意味を表す場合は双数量構文にできないということを示す (55) の対比は，着点 (何かを取得する人) が主語にくる (51) の"买"(買う) や (53) の"领"(受け取る) と"借"(借りる) が双数量構文にならないことを如実に物語っている。

　最後に，アスペクト助詞"了"が双数量構文に現れることができることについて述べておくことにする。(56) の双数量構文では，どれもアスペクト助詞"了"が現れている。

(56) a.　一瓶　　酒　喝　　了　　三个　　人。
　　　　　一−CL　酒　飲む　ASP　三−CL　人

‘ひと瓶の酒で 3 人飲むことができた。’

   b.　一盘　　菜　　吃　　　了　　　三个　　人。

        一 – CL　おかず　食べる　ASP　三 – CL　人

        ‘ひと皿のおかずで 3 人食べることができた。’

   c.　这张　　床　　　睡　　　了　　三个　　　人。

        こ – CL　ベッド　寝る　ASP　三 – CL　人

        ‘このベッドで 3 人寝ることができた。’

　次の第 4 章の存現文で議論するように，動詞の直後に現れるアスペクト助詞“了”は通常，完了・完成を表すとされている（王 1943, 呂 1944, 王 1999, 高橋 2002 など）。しかし，双数量構文に現れる“了”は完了を表すのではない。(35c) の LCS からもわかるように，双数量構文は事象ではなく性質を表す文である。実際，双数量構文に現れる“了”が完了を表さないことは，(57) のように，副詞“刚才”（さきほど）と共起しないことからもわかる。

(57) a.　＊一瓶　　酒　刚才　　　喝　　　了　　三个　　　人。

        一 – CL　酒　さきほど　飲む　ASP　三 – CL　人

        ‘ひと瓶の酒でさきほど 3 人飲むことができた。’

   b.　＊一盘　　菜　　　刚才　　　吃　　　了　　三个　　　人。

        一 – CL　おかず　さきほど　食べる　ASP　三 – CL　人

        ‘ひと皿のおかずでさきほど 3 人食べることができた。’

   c.　＊这张　　床　　　刚才　　　睡　　了　　　三个　　　人。

        こ – CL　ベッド　さきほど　寝る　ASP　三 – CL　人

        ‘このベッドでさきほど 3 人寝ることができた。’

　このアスペクト助詞“了”のふるまいは第 4 章の存現文における“了”のふるまいと類似している。詳しくは第 4 章で議論するが，存現文に現れるアスペクト助詞“了”は完了を表さないので，(58) のように，副詞“刚才”（さきほど）と共起することができない。

(58) ＊石头 上 刚才　　刻　了　　一个　　字。
　　　石　　上　さきほど　彫る　ASP　一－CL　文字
　　　'石の上にはさきほど文字が1つ彫られている。'

(57) と (58) から，双数量構文と存現文は副詞 "刚才"（さきほど）におい
て同じふるまいをすることがわかる。双数量構文に現れる "了" が完了を
表すのではないということは，性質を表す形容詞文 (59) でも "了" が現
れることからもわかる。

(59)　张三 胖　　了。
　　　張三　太る　ASP
　　　'張三は太った（という状態だ）。'

(59) に現れる "了" は，通常中国語学で "了₂" と呼ばれるアスペクト助詞
に相当するもので，一般に変化の状態を表すとされている。このように，
ものの性質を表す形容詞文では，完了を表さない "了" が現れる。双数量
構文も性質を表す文なので，完了を表さない "了" が現れていると考える
ことができる[2]。

2　沈力氏は以下の双数量構文では，完了の "了" が現れていると指摘する（個人談話）。
(i)　　　昨天 一盘　　菜　　就　　吃　　了　三个　　人。
　　　　　昨日　一－CL　おかず　だけ　食べる　ASP　三－CL　人
　　　　　'昨日ひと皿のおかずで3人の人間だけ食べることができた。'
　　沈力氏は伝統的に動詞の直後に現れる "了" は完了であることから，(i) の "了" も完
了であると指摘する。しかし，"了" の位置とその用法は必ずしも一致しない（第4章参
照）。また，(i) は (ii) のように主語名詞句に数量表現がなくても成立する。
(ii)　　昨天 做的菜　　就　　吃　　了　三个　　人。
　　　　昨日　作ったおかず　だけ　食べる　ASP　三－CL　人
　　　　'昨日作ったおかずは3人の人間だけ食べることができた。'
　(ii) は主語名詞句と目的語名詞句に数量表現を伴うことが必須である本論の双数量構
文と異なる様相を呈している。実際，(ii) に対応する "吃" の双数量構文を作ることは
できない。
(iii)　＊昨天 做的菜　　吃　　三个　　人。
　　　　昨日　作ったおかず　食べる　三－CL　人
　　　　'昨日作ったおかずで3人の人間が食べることができる。'

　以上，本節では，双数量構文に現れる３項動詞のふるまいについて考察し，基本的には“吃”（食べる）と同じメカニズムが働くことを見た。“吃”（食べる）とは異なり，３項動詞は“够”（足りる）と合成して複合動詞を形成すると，本来の意味構造に含まれる行為を表す LCS は取り除かれることになる。そのために，３項動詞が現れる双数量構文の目的語名詞は受益者としてしか解釈できない。また，“买”（買う）などの着点を主語にとる動詞が双数量構文にできないという事実は，量・程度を提供するという働きがある当該構文の性質に由来することがわかった。次節では，表面上，双数量構文に見える構文について検討する。

3.3.4　動詞“看”の特殊性

　前節までは，数量対比関係の意味があるときに動作主と対象が逆転した形で現れることを見てきた。本節では，動作主と対象が逆転した形で具現化されているにもかかわらず，数量対比の意味関係が見られない文（60）について見ておくことにする[3]。

（60）　我　的　　眼晴　看　了　　三个　　医生。
　　　　私　GEN　目　　診る　ASP　三 – CL　医者
　　　　'私の目は３人の医者に診てもらった。'

　以下では，一見，（60）は双数量構文と似ているものの，双数量構文とは別の構文であることを示す。

　以上の事実から，（i）の文は本論の“够”（足りる）タイプの双数量構文とは違う構文であることが言える。

3　“看”（診る）の他に心理動詞“气”（怒る）でも同じような現象が見られるが，目的語に動作主の解釈があるときは，使役用法であることを表している（aii）。

（a）　　　張三　气　　了　　李四。
　　　　　張三　怒る　ASP　李四
　　　　（i）'張三が李四に怒った。'
　　　　（ii）'（張三のせいで）李四が張三に怒った。'

　興味深いことであるが，心理動詞でも上のような使い方ができるのは“气”（怒る）に限られるようである。この問題は別稿に譲りたい。

　まず，（60）では，"看"（診る）の対象"我的眼睛"（私の目）は主語位置に，動作主"三个医生"（3人の医者）は目的語位置に現れている。"三个医生"（3人の医者）でなく"我的眼睛"（私の目）が主語の働きをしていることは，再帰代名詞束縛から確かめることができる。

（61）　我$_i$ 的　　眼睛 看　 了　 自己$_{i/*j}$ 的妹妹介绍的三个医生$_j$ 。
　　　　私　GEN　目　　診る ASP 自分の妹が紹介した三人の医者
　　　　'私の目は私の妹が紹介した3人の医者に診てもらった。'

（61）において，再帰代名詞"自己"（自分）の先行詞となれるのは"我"（私）のみである。したがって，（60）で主語として機能しているのは動作主"三个医生"（3人の医者）ではなく，対象"我的眼睛"（私の目）である。なお，Tang（1989）で議論されているように，中国語では所有者の再帰代名詞束縛ができることに注意しておく必要がある。

（62）　[[Zhangsan$_i$ de] jiaoao]$_j$ hai le ziji$_{i/*j}$
　　　　Zhangsan　GEN pride　hurt ASP SELF
　　　　' Zhangsan's pride hurt himself. '
　　　　　Tang（1989: 100）（筆者によりグロスと訳に微細な変更がある）

　このように，"自己"（自分）は主語名詞句の中における所有者を束縛できるので，"我的眼睛"（私の目）が主語として機能していることが確認できるのである。さらに，意味的な性質を見ると，（60）は（1a）の双数量構文と同じ語順をなしているが，（1a）などの双数量構文とは異なり，（60）では数量対比の意味はない。また，（63a）に示すように，（60）は程度副詞"足够"（十分に）を伴って数量対比の意味関係を表すこともできない。さらに，（63ɔ）に示すように，（14）のような"够"（足りる）とのパラフレーズもできない。

（63）a. *我 的　 眼睛 足够　 看 三个　 医生。
　　　　　私 GEN 目　 十分に 診る 三－CL 医者

　　　‘私の目は 3 人の医者に診てもらうのに十分である。’
　　b. ＊我　的　　眼睛　够　　　三个　　医生　看。
　　　　私　GEN　目　足りる　三 – CL　医者　診る
　　　　‘私の目は 3 人の医者が診るのに十分である。’

　次に，(60) は (1a) とは異なり，具体的な時間や場所を指定することができる。

(64) a.　我　的　　眼睛　昨天　看　　了　　三个　　医生。
　　　　私　GEN　目　　昨日　診る　ASP　三 – CL　医者
　　　　‘私の目は昨日 3 人の医者に診てもらった。’
　　b.　我　的　　眼睛　在　西宮　看　　了　　三个　　医生。
　　　　私　GEN　目　で　西宮　診る　ASP　三 – CL　医者
　　　　‘私の目は西宮で 3 人の医者に診てもらった。’

これらは双数量構文とは異なる特徴である。これらの事実から，(60) が双数量構文とは全く別の現象であることがわかる。しかしながら，(60) の“看”（診る）の項の文法関係もまた，(1a) の“吃”（食べる）と同様，見かけ上は現れない動詞が複合されていると考えることで，説明することができる。より具体的には，(60) の動詞“看”（診る）は表面上現れない診断の結果を意味構造に含むもう 1 つの“看”と合成して，複合動詞を形成するために，(60) の語順が可能になることを示す。
　動詞“看”にはさまざまな意味がある。(60) で示したような「(医者が) 診る」以外に「(映画を) 観る」，「(本を) 読む」，「(友達を) 訪ねる」などの意味がある。これらの中で，(60) の語順が可能なのは，“看”が「(医者が) 診る」という意味を表す場合に限られる。(66) に示すように，「観る」，「読む」，「訪ねる」の意味・用法では動作主と対象は逆転できない。(65) は (66) に対応する通常文である。

(65) a.　这　两个　　学生　看　　了　一片　　电影。
　　　　こ　二 – CL　学生　観る　ASP　一 – CL　映画

'この 2 人の学生は 1 本の映画を観た。'

b. 这 三个　　老师　看　了　　一本　　书。
　　こ　三－CL　先生　読む　ASP　一－CL　本
　　'この 3 人の先生は 1 冊の本を読んだ。'

c. 这　三个　　老人（去）　看　了　　一个　　朋友。
　　こ　三－CL　老人　行く　訪ねる　ASP　一－CL　友達
　　'この 3 人の老人は 1 人の友達を訪ね（に行った）。'

(66) a. *一片　　电影　看　这　两个　　学生。
　　　　一－CL　映画　観る　こ　二－CL　学生
　　　　'1 つの映画でこの 2 人の学生が観ることができる。'

b. *一本　　书　看　这　三个　　老师。
　　　一－CL　本　読む　こ　三－CL　先生
　　　'1 冊の本で 3 人の先生が読むことができる。'

c. *一个　　朋友（去）　看　　这　三个　　老人。
　　　一－CL　友達　行く　訪ねる　こ　三－CL　老人
　　　'1 人の友達でこの 3 人の老人が訪ね（に行く）ことができる。'

　以上から，"看"の意味・用法の中でも，(60) のような倒置ができるのは"看"が「〈医者が〉診る」の意味を表す場合に限られることがわかる。この「〈医者が〉診る」という意味を表す"看"は (60＝(67b)) の語順に加えて，医者が主語に現れる (67a) の語順も可能である。

(67) a. 三个　　医生　看　了　　我　的　　眼睛。
　　　三－CL　医者　診る　ASP　私　GEN　目
　　　'3 人の医者が私の目を診た。'

b. 我　的　　眼睛　看　了　　三个　　医生。
　　私　GEN　目　診る　ASP　三－CL　医者
　　'私の目は 3 人の医者に見てもらった。'

(67a, b) は基本的に医者が目を診断するという同じ意味関係を表しているが，(67a) は進行形にでき，(67b) は進行形にできない。

(68) a. 　三个　　医生　在　　　看　　我　的　　　眼睛。
　　　　　三－CL　医者　PROG　診る　私　GEN　目
　　　　　‘３人の医者が私の目を診ている。’
　　 b. *我　的　　　眼睛　在　　　看　　三个　　　医生。
　　　　　私　GEN　目　　PROG　診る　三－CL　医者
　　　　　‘私の目は３人の医者に見てもらっている。’

通常，医者が患者を診断することは，患者が医者の診断を受け，その診断結果を所有するようになると考えることができる。(68a, b) の差は，(67b) の“看”（診る）では，この結果の意味がより強く想起されていることを示唆している。実際，結果補語を伴う“看见”（見る－見える）も進行形にできない。(69a) は単に張三を見たという行為だけでなく，実際に見えたという結果の意味があるために，(69b) のように進行形にできない。

(69) a. 　我　看见　　　　　了　　张三。
　　　　　私　見る－見える　ASP　張三
　　　　　‘私は張三を見た。’
　　 b. *我　在　　　看见　　　　　张三。
　　　　　私　PROG　見る－見える　張三
　　　　　‘私は張三を見ている。’

“看见”（見る－見える）の意味構造は (70) のように記述することができる。

(70) a. 　“看”（見る）
　　　　　[$_{EVENT}$ x DO ON y]
　　 b. 　“见”（見える）
　　　　　[$_{EVENT}$ y BECOME [$_{STATE}$ y BE SEEN]]
　　 c. 　“看见”（見る－見える）
　　　　　[$_{EVENT}$ [$_{EVENT}$ x DO ON y] CAUSE [$_{EVENT}$ y BECOME [$_{STATE}$ y BE SEEN]]]
　　　　　　　　　　　　　　　　　　　　（x=experiencer, y=theme）

（70a）は誰か（x）が誰か（y）を見ること，（70b）は誰か（y）が見られることを表し，（70a）と（70b）が合成して，（70c）の"看見"（見る−見える）が作られると，全体として，誰か（x）が誰か（y）を見て，その結果 y が見られたという意味を表す。（68b）と（69b）の類似性から（67b）の"看"（診る）にも診断結果を所有するという意味があることが推測でき，見かけ上は現れないが，（70b）に相当するような結果の意味を表す"看"（診る）が実質的に存在すると考えると，（67）の 2 通りの語順が説明できる。このことを示すために，「診断する」という行為を表す"看"（診る）を"看$_1$"，「（医者の）診断結果を所有する」という意味を表す"看"（診る）を"看$_2$"として仮定し，"看"（診る）は実質的には"看$_1$看$_2$"という複合動詞を形成すると考える[4]。"看$_1$"と"看$_2$"の意味構造はそれぞれ次のように記述できる。

(71) a.　"看$_1$"

　　　 [$_{EVENT}$ x DO ON y]

　　 b.　"看$_2$"

　　　 [$_{EVENT}$ y BECOME [$_{STATE}$ y HAVE x's DIAGNOSIS]]

　　　　　　　　　　　（x=agent, y=theme, x=agent, y=theme）

(71a) の"看$_1$"の意味構造は医者（x）が患者（y）を診断するという行為を表している。一方，（71b）の"看$_2$"は患者（y）が医者（x）の診断結果を所有するようになることを表している。（71b）の DIAGNOSIS は診断（結果）を表す定項である。"看$_1$看$_2$"の複合動詞を形成すると，（72）のような意味構造が作られる。

(72) a.　"看$_1$"

　　　 [$_{EVENT}$ x DO ON y]

　　 b.　"看$_2$"

　　　 [$_{EVENT}$ y BECOME [$_{STATE}$ y HAVE x's DIAGNOSIS]]

4　なお，ここでの"看$_1$看$_2$"の連続体は，もちろん動詞を連続することで語気を弱めるという用法にない。

c. "看₁看₂"

[EVENT [EVENT x DO ON y] CAUSE [EVENT y BECOME [STATE y HAVE x's DIAGNOSIS]]]

(73) a. $<x_{i/j}, y_{m/n}>$, $<y_{i/m}, x_{j/n}>$

　　b. $<x/y, y/x>$ or $<x/x, y/y>$

(74)

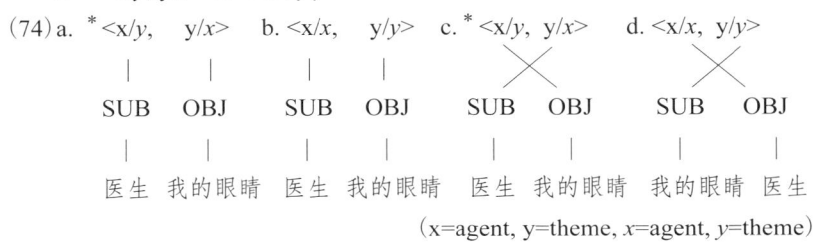

a. * $<x/y,\ y/x>$　　b. $<x/x,\ y/y>$　　c. * $<x/y,\ y/x>$　　d. $<x/x,\ y/y>$

SUB　OBJ　　SUB　OBJ　　SUB　OBJ　　SUB　OBJ

医生　我的眼睛　医生　我的眼睛　医生　我的眼睛　我的眼睛　医生

（x=agent, y=theme, x=agent, y=theme）

(72c) の LCS は，医者が患者を診断し，その結果患者が診断結果をもつという意味を表している。この LCS からは (73a) で表される項構造 $<x_{i/j}, y_{m/n}>$，$<y_{i/m}, x_{j/n}>$ が作られる。前者は "看₁"，後者は "看₂" の項構造である。"看" は 2 項述語なので，(73a) で表される項構造から (73b) で表される 2 つの項構造 $<x/y, y/x>$ または $<x/x, y/y>$ が作られることになる。この項構造からは (74a, b, c, d) の 4 つのリンキングの可能性がある。このうち，x と x は医者，y と y は患者（私の目）を表すので，(74a, c) は意味的に齟齬をきたすため，ありえないリンキングとなる。これに対して，意味的に齟齬をきたさない (74b) から動作主が主語，対象が目的語に具現化されると，(67a) が作られることになり，(74d) から動作主が目的語，対象が主語に具現化されると，(67b) が作られることになる。

　このように，"看" が実際には現れないもう 1 つの "看" と合成して複合動詞を形成すると考えると，(67) の "看" の 2 通りの語順を説明できる。さらに，本分析の見方をとると，(75) の目的語に見られる定性制約を説明できるようになる（Milsark 1977）。

(75) *张三　的　　眼睛　看　了　　那个　　医生。

　　　張三　GEN　目　　診る　ASP　あ‐CL　医者

　　'張三の目はあの医者に診てもらった。'

(75) は (67b) の目的語名詞に定性制約が見られることを示している。
これは以下のように説明することができる。第 4 章でも議論するよう
に，意味述語 HAVE で表される所有関係では，目的語名詞に定の名詞句
は現れない。[y HAVE x] の x に相当する医者の診断（結果）を表す定項
DIAGNOSIS は特定の診断ではなく不定の診断結果でなければならない。
つまり，医者と診断は 1 対 1 の対応関係にあり，診断の数量が不定であ
るためには医者の数量も不定でなくてはならないのである。DIAGNOSIS
の項に含まれる x（医者）が不定の表現でなければ，当然のことながら，x
が定名詞句で現れる (75) は非文となる。具体的には，(74d) のリンキン
グパターンからわかるように，(67b) の目的語名詞 "三个医生"（3 人の医
者）は (72c) の x 項に相当する。この x 項は (72c) の意味述語 HAVE の
項である。したがって，x 項には定性制約がかかることになり，その中に
含まれる "那个医生"（あの医者）が定表現として現れる (75) は非文とな
る。これに対して，もちろん，(65) の「観る」，「読む」，「訪ねる」を表
す "看" では，このような定性制約は見られない。さらに，(67a) の目的
語名詞 "我的眼睛"（私の目）は (72c) の意味述語 DO ON がとる y 項に当
たるので，これも定性制約はない。

(76) a.　这　两个　　学生　看　了　那片　　电影。
　　　　こ　二 – CL　学生　観る　ASP　あ – CL　映画
　　　　'この 2 人の学生はあの映画を観た。'

　　 b.　这　三个　　老师　看　了　这本　　书。
　　　　こ　三 – CL　先生　読む　ASP　こ – CL　本
　　　　'この 3 人の先生はこの本を読んだ。'

　　 c.　这　三个　　老人　（去）　看　　了　那个　　朋友。
　　　　こ　三 – CL　老人　行く　訪ねる　ASP　あ – CL　友達
　　　　'この 3 人の老人はあの友達を訪ね（に行った）。'

　　 d.　三个　　医生　看　了　那个　　人　的　　眼睛。
　　　　三 – CL　医者　診る　ASP　あ – CL　人　GEN　目
　　　　'3 人の医者があの人の目を診た。'

このように，(72) – (74) の分析は動作主と対象が倒置されて具現化される (67b=(60)) の目的語名詞における定性制約を説明することができる。

　(67a, b) でその解釈に多少の違いがあることは，以下のことからもわかる。患者が医者の診断を受けその結果を所有するということは，患者が医者に診てもらうという受身的な意味を表すと言える。言い換えれば，受身的な意味を表すため，項が倒置されたように見えるのである。このことを見るために，同じ診るという意味がある"看病"の用法を考えてみる。"看病"は動詞"看"と名詞"病"から構成され，(77a) のように１つの自動詞として，あるいは (77b) のように動詞＋目的語として使われる。

(77) a.　張三　今天　看病　　　　了。
　　　　　張三　今日　診断を受ける　ASP
　　　　　'張三が今日診断を受けた。'
　　　b.　張三　今天　看　　了　　両次　病。
　　　　　張三　今日　診る　ASP　二回　病
　　　　　'張三は今日２回診断を受けた。'

(77a, b) からわかるように，"看病"は動詞あるいは動詞＋目的語のいずれの用法でも「診断を受ける」という意味を表す。特に，(77b) のように"看"が他動詞として使われる場合で「診断を受ける」という意味を表すことは，(67b=(60)) の"看"それ自体にも「診断を受けその結果を所有する」という受動的な意味があることを示唆している。興味深いことに，(77b) の他動詞文では，すでに項の数が充足しているので，診断をする人（動作主）を具現化することはできないが，(67b=(60)) のように，目的語名詞として動作主に当たる項を表出させることはできる。この"三个医生"（3 人の医者）は (77b) の目的語"病"（病）との置き換えが起こっていると言える。なぜなら，(78) のように，"看"と似た意味を表す"看病"が"三个医生"（3 人の医者）を目的語にとれないからである。

(78) *我　的　　眼睛　看病　　了　三个　　医生。
　　　　私　GEN　目　　診断する　ASP　三－CL　医者

‘私の目は 3 人の医者に診断してもらった。’

(67b=(60)) の“看”が「患者が医者に診断してもらう」という受身的な意味を表す文であることは，受身的な意味を表す統語的受身の“被”受身と実質的に同じ意味を表すことからもわかる。

(79) 　我　的　　眼睛 被　　三个　　　医生 看　了　　（两次）。
　　　　私 GEN　目　　PASS 三−CL　医者 診る ASP　二回
　　　　‘私の目は 3 人の医者に（2 回）診断された。’

　以上，本節では，数量対比関係がないにもかかわらず，動作主と対象が逆転して現れる“看”（診る）について検討した。この“看”（診る）では，「診断を受けてその結果を所有する」という受身的な意味と所有の意味が想起されるために，動作主と対象が倒置されて現れうることを示した。

3.4. まとめ

　本章では非動作主卓越構文のうちの双数量構文で目的語に動作主の解釈が可能であることを示した。この構文は，形の上では基本的に主語，目的語ともに数を表す数量詞表現が現れ，意味の上では，主語と目的語との間に数量対比の意味関係が見られるという特徴がある。本章では，まず再帰代名詞束縛と所有者関係節化から双数量構文の項の文法関係について検討し，当該構文が SVO 語順であることを示した。次に，双数量構文に現れる動詞が数量対比関係の意味を表す“够”（足りる）と合成して，複合動詞を形成できることを示した。より具体的には，見かけ上は現れないが，実質的には存在する数量対比関係を表す動詞“够”（足りる）と合成され，複合動詞を形成しているとする分析を提案した。つまり，第 2 章で議論した結果複合動詞と同じく，複合動詞を形成しているのである。双数量構文は，動詞本来の LCS が数量対比関係を表す LCS に埋め込まれる形の複合動詞の意味構造を作り出していることを示し，そして，「項 α が対象（内項）であるとき，かつ，そのときに限り，項 α は主語にリンクされる」と

いう 1 つのリンキングルールを仮定することで，双数量構文の語順としては，「対象＋動詞＋動作主（または受益者）」しかありえないことを示した。本章で提案する語彙概念構造分析は，双数量構文で具体的な時間や場所を指定する表現と共起しないこと，時間副詞と共起しないこと，進行形にできないこと，そして動詞の行為を表す意味述語 DO を修飾できないことなどの事実を無理なく捉えることができる。

第4章

存現文

4.1. はじめに

　意味役割の階層性に反して項の具現化が行われる非動作主卓越構文には，第2章で議論した結果複合動詞構文，そして第3章で議論した双数量構文以外に存現文がある。存現文とは英語などの Locative Inversion（場所格倒置構文）に相当する文で，「場所＋動詞＋対象」の語順をとり，「ある場所にあるものが存在する」という存在の意味を表す構文であることが先行研究により示されている（宋 1982a, b, 李 1986, 任 2005, 2007 など）。

(1)　　衣服　上　绣　　着　　小王　　的　　脸。
　　　　服　　上　縫う　ASP　王さん　GEN　顔
　　　　'服の上に王さんの顔（模様）が縫ってある。'

(2)　　张三　在 衣服 上　绣　　了　　小王　　的　　脸。
　　　　張三　で　服　上　縫う　ASP　王さん　GEN　顔
　　　　'張三が服の上に王さんの顔（模様）を縫った。'

"绣"（縫う）という動詞は本来，(2) のように，通常動作主（縫う人）（"张三"）を主語に，対象（縫われるもの）（"小王的脸"（王さんの顔（模様）））を目的語にとり，そして縫われる場所（"衣服"（服））は前置詞 "在"（で）を伴って現れる。ところが，(2) に対応する (1) の存現文では動作主は取り除かれ，場所（"衣服"（服））が主語に，そして対象（"小王的脸"

（王さんの顔（模様）））が目的語に具現されている。すなわち，（1）と（2）の対比から，存現文では動詞本来がとる項の具現化ではなく，対象と場所が逆転した形で具現されることがわかる。

　本章は，なぜ存現文で場所項が対象項よりも高い位置に現れ，「場所＋動詞＋対象」の語順をとるのかを明らかにする。本論では，存現文が「場所＋動詞＋対象」の語順をとるのは，動詞本来の語彙概念構造（LCS）に含まれる存在の LCS がアスペクト助詞によって，所有の LCS に書き換えられるためであることを示す（于 2012, 2016b）。より具体的には，動詞本来の LCS に含まれる存在を表す $[...[_{\text{STATE}} \text{ y BE AT z}]]$ が所有を表す $[_{\text{STATE}} \text{ z}_i$ BE WITH $[_{\text{STATE}} \text{ y BE AT z}_i]]$ に書き換えられることにより，（1）の語順が作られることを示す。これは，所有の LCS では場所項（z）が対象項（y）よりも高い位置に生成されるために，場所（z）が主語，対象（y）が目的語に具現される語順になるからである。すなわち，（1）の存現文が可能なのはアスペクト助詞“着”が“绣”（縫う）の意味構造を「服が服に王さんの顔があることを所有する」という所有の意味構造に書き換えるために，＜衣服，小王的脸＞という場所項“衣服”（服）が対象項“小王的脸”（王さんの顔）に階層上優先する項構造が形成されるからである。

　本章では議論を以下のように進める。まず，4.2 節では先行研究の具体的な問題点を指摘する。4.3 節では存現文において，実際に場所が主語として，そして対象が目的語として現れていることを確かめた上で，語彙概念構造（LCS）による分析を提案し，存現文に現れることができる動詞は LCS に場所を項にとる AT 述語が記載されているものに限られるという一般化を提示する。さらに，存現文がもつ存在の意味は書き換えられた LCS から得られることも示す。4.4 節では，存現文には，動詞の意味構造に含まれる存在スキーマから所有スキーマへの LCS 変換規則があるという本分析の根拠をいくつか提示する。4.5 節はまとめである。

4.2.　先行研究の問題点

　第 1 章でも議論したように，英語などの Locative Inversion と異なり，中国語の存現文では非対格自動詞以外にも非能格自動詞と他動詞が現れる

ことができる。(3a) は非対格自動詞 "倒"（倒れる），(3b) は非能格自動詞 "走"（歩く），そして (3c) は他動詞 "刻"（彫る）の例である。

(3) a. 路 上 倒　　着　一棵　　树。
　　　　 道 上 倒れる ASP 一－CL 木
　　　　 '道の上には木が 1 本倒れている。'
　　 b. 前面 走　着　一对　　夫妻。
　　　　 前　 歩く ASP 一－CL 夫婦
　　　　 '前には 1 組の夫婦が歩いている。'
　　 c. 石头 上 刻　着　一个　　字。
　　　　 石　 上 彫る ASP 一－CL 文字
　　　　 '石の上には文字が 1 つ彫ってある。'

特に，他動詞が存現文に現れうるという点において，中国語の存現文は英語の場所格倒置構文と大きく異なる。そのため，第 1 章で議論したように Bresnan (1994)，Bresnan and Kanerva (1989) や Coopmans (1989) の分析を中国語の存現文の分析に援用することはできない。なぜなら彼らの分析では，他動詞が場所格倒置構文に現れないことを予測するからである。

　次に，Pan (1996) の分析について検討すると，Pan (1996) は存現文に現れるアスペクト助詞 "着" に着目し，このアスペクト助詞 "着" が動詞の項構造から動作主を取り去るという働きがあるため (*zhe* operation)，存現文では他動詞が生起可能になると論じている。(4) がそのメカニズムである。

(4)　*zhe* operation: <agent, theme, location> → <theme, location>
　　　The *zhe* operation applies if
　　 a.　the verb in question is an accomplishment verb with the argument
　　　　 structure: <agent, theme, location>,
　　 b.　the location is predicated of the theme, and
　　 c.　the sentence in question is [-stative]

Pan (1996: 428)

"*zhe* operation"は，動作主を削除することによって，動詞の項構造を
<agent, theme, location> から <theme, location> に 変 え る。（4a）は，"*zhe*
operation"が <agent, theme, location> の項構造をもつ達成動詞に適用され
ること，（4b）は，<location> が <theme> と述語関係にあること，そして
（4c）は，"*zhe* operation"が適用される文は [-stative]，つまり非状態的であ
ることを表し，以上が存現文に現れる動詞の条件であることを示している。

　（4）を（1）の存現文に当てはめると，本来は＜動作主＞（縫う人），＜対
象＞（縫われるもの），そして付加詞として＜場所＞（縫う場所）を項に
とる（1）の他動詞"绣"（縫う）は"*zhe* operation"により，＜対象＞と
＜場所＞を項にとる述語に変換されるということになる。この分析は，
Bresnan（1994）や Bresnan and Kanerva（1989）で提示された場所格倒置構
文に現れる動詞は <theme, location> の項構造をもつという一般化に合致す
るという点で有効で魅力的に見える。

　しかしながら，Pan（1996）の分析は動作主をもたない非対格自動詞で
も（3a）のようにアスペクト助詞"着"を伴わなければならないという事実
を説明できない。アスペクト助詞は動詞の種類にかかわらず，存現文にお
いて必須要素であるからである（（12）参照）。また，第１章でも見たよう
に，通常中国語で対象と場所が現れる場合は，対象が場所に優先して現れ
る。動作主を取り除くという"*zhe* operation"だけでは，なぜ存現文で場
所が対象よりも高い位置に具現化されるのかということを解決できない。
また，Pan（1996）では，"*zhe* operation"はアスペクト助詞"着"にのみ適
用され，存現文に現れるもう１つのアスペクト助詞"了"には適用されな
いとするが，これも議論の余地がある。なぜなら，アスペクト助詞"着 /
了"が存現文では同じ働きをすると思われる事実がいくつか存在するから
である。存現文に現れるアスペクト助詞"着 / 了"はどちらもある場所に
あるものが存在している状態を表す。Chu（1998）でも議論されているよ
うに，存現文に現れる"着"はその文が表す事象の結果状態を表し，さら
に Li（2014）でも議論されているように，存現文に現れる"了"はある事
象が完了したということを表すのではなく，その事象の結果状態を表す[1]。

1　通常完了・完成のアスペクトを表すとされる"了"が存現文において完了を表さない

"了"が結果状態を表せることは中国語では一般的で，(5) のように，ある事象が完了した後の期間を修飾することができる。(5) では，木が倒れた状態が 3 日間続いていることを表している。

(5)　　那棵　　树　在　路　上　倒　　了　　三天。
　　　　あ‒CL　木　で　道　上　倒れる　ASP　三日間
　　　　'あの木は道の上で 3 日間倒れた状態が続いている。'

　"着"と"了"が存現文で同様の働きをしていることは，(6) のように"着"と"了"が交替可能であることからもわかる（李 1986, 宋 1988, 聂 1989, 任 2007）。

(6)　　阳台　　　上　挂　　｛着 / 了｝　一面　　小镜子。
　　　　バルコニー　上　掛ける　ASP　　　一‒CL　小さな鏡
　　　　'バルコニーには 1 枚の小さな鏡が掛けてある。'

(6) はバルニニーに鏡が掛けてあるという状態の意味を表す。したがって，"着 / 了"のどちらにおいても動作主は現れない。このことは，(6) が動作主指向の副詞"故意地"（わざと）と共起できないことからわかる。

(7)　　*阳台　　　上　故意地　挂　　｛着 / 了｝　一面　　小镜子。
　　　　バルコニー　上　わざと　掛ける　ASP　　　一‒CL　小さな鏡
　　　　'バルコニーにはわざと 1 枚の小さな鏡が掛けてある。'

以上の事実から，"着 / 了"のどちらの存現文でも動作主が削除されていることがわかり，"着"と"了"は存現文においては同様の働きをしてい

ことは，完了点を指定する副詞"刚才"（さきほど）と共起できないことからも明らかである。
(i)　　*石头　上　刚才　　刻　　了　　一个　　字。
　　　　石　　上　さきほど　彫る　ASP　一‒CL　文字
　　　　'石の上にはさきほど文字が 1 つ彫られている。'

ると考えられる²。したがって，"着"のみが動作主を削除するという Pan
(1996)の分析は事実を反映していないのである。

　さらに，Pan (1996)の分析は (8)を説明することもできない。

(8) a. ＊路　上　<u>慢慢地</u>　　倒　　着　一　棵　　樹。
　　　　道　上　ゆっくりと　倒れる　ASP　一 - CL　木
　　　　'道の上には<u>ゆっくりと</u>木が 1 本倒れている。'

　　b. ＊前面　<u>慢慢地</u>　　走　着　一　对　　夫妻。
　　　　前　　ゆっくりと　歩く　ASP　一 - CL　夫婦
　　　　'前には<u>ゆっくりと</u> 1 組の夫婦が歩いている。'

　　c. ＊石头　上　<u>慢慢地</u>　　刻　着　一　个　　字。
　　　　石　　上　ゆっくりと　彫る　ASP　一 - CL　文字
　　　　'石の上には<u>ゆっくりと</u>文字が 1 つ彫ってある。'

動詞が本来表す行為連鎖「行為 - 変化 - （結果）状態」から見ると，(3a)
の"倒"（倒れる）は「変化 - 状態」，(3b)の"走"（歩く）は「行為」，そ
して (3c)の"刻"（彫る）は「行為 - 変化 - 状態」を表すと考えられるが，
(8)は (3)に行為連鎖の行為と変化を修飾する副詞句"慢慢地"（ゆっく
りと）が生起できないことを表している。動作主を取り除くという Pan
(1996)の分析では，存現文に現れる動詞は他動詞（達成動詞）に限られる

2　Pan (1996)ではアスペクト助詞"了"は動作主を残すことが可能であると述べられ
ているが，話者によって判断の差がある。動作主が残っているように見える場合でもや
はり行為連鎖上の行為の部分を修飾することはできない。
(i)　　　桌子　上　John　放　了　一本　　书。
　　　　机　　上　John　置く　ASP　一 - CL　本
　　　　'机の上にジョンが本を 1 冊置いてある。'　　　　　　　　　　　Pan (1996: 410)
(ii)　　＊桌子　上　John　慢慢地　　放　了　一本　　书。
　　　　机　　上　John　ゆっくりと　置く　ASP　一 - CL　本
　　　　'机の上にジョンがゆっくりと本を 1 冊置いてある。'
　(i)は Pan (1996)の判断であるが，この判断を受け入れたとしても (ii)のように行
為を修飾する副詞句"慢慢地"（ゆっくりと）とは共起できないことから，(i)における
John は動作主でないことがわかる。すなわち，アスペクト助詞によって動作主の出現
可能性が変わるとは考えにくいのである。

ため，動作主をもたないとされている非対格自動詞（3a）が，非能格自動
詞（3b）や他動詞（3c）と同様の分布を示していることに対して，説明を与
えるのは困難である。

　このように，存現文で動詞本来が表す行為連鎖において「行為」と「変
化」を修飾できないことは，存現文の意味構造は動詞本来の意味構造と異
なることを示唆している。以下では，先行研究では捉えることのできない
存現文の意味を捉えるために，語彙概念構造による分析を提案する。

4.3. 提案

4.3.1 語順

　具体的な分析に入る前に，まず存現文が SVO 語順をなしていることを
確かめておく。第 2 章と第 3 章でも議論したように，通言語的に見て主
語性を決定する文法テストには possessor relativizing（所有者関係節化）や
reflexive binding（再帰代名詞束縛）などがある（Keenan 1976）。Tan（1991）
で議論されているように，中国語で所有者関係節化ができるのは主語のみ
である（詳細は第 2 章 2.3.1 節を参照）。もし，（1）の存現文で倒置され，
動詞の後にくる対象項が主語でないとすると，possessor relativizing がで
きないことが予想されるが，実際，（9a）において，"小王的脸"（王さん
の顔（模様））の所有者 "小王" で（9b）のような所有者関係節化を作るこ
とはできない。

(9) a. 张三 的　　衣服 上 绣 着　　小王 　的　　脸。
　　　 張三　GEN　服　　上　縫う ASP 王さん　GEN　顔
　　　 '張三の服の上に王さんの顔（模様）が縫ってある。'

　 b. *［张三 的　　衣服 上 绣 着ϕ_i 脸 的］小王$_i$。
　　　 張三　GEN　服　　上　縫う ASP 顔　GEN 王さん
　　　 '張三の服の上に顔（模様）が縫ってある王さん。'

　 c. ［ϕ_i衣服 上 绣 着　　小王 的　　脸 的］张三$_i$。
　　　　 服　　上　縫う ASP 王さん GEN 顔　 GEN 張三
　　　 '服の上に王さんの顔（模様）が縫ってある張三。'

(9b) からわかるように，(9a) の目的語名詞句“小王的脸”（王さんの顔（模様））からは所有者関係節化ができない。これに対して，(9c) は (9a) の主語名詞句から所有者関係節化ができることを示している。このことは，(9a) の存現文において“小王的脸”（王さんの顔（模様））が（倒置された）主語でないことを示している。

　さらに，存現文の目的語名詞が主語として機能していないことは reflexive binding（再帰代名詞束縛）からも確かめることができる。

(10)a.　门口　　穿着自己$_{*i}$的衣服　站　　着　　一个　　　男人$_i$。
　　　　　ドアの前　自分の服を着て　　　立つ　ASP　一－CL　男
　　　　　‘ドアの前には 1 人の男が自分の服を着て立っている。’
　　b.　一个　　　男人$_i$　穿着自己$_i$的衣服　站　　在　门口。
　　　　　一－CL　男　　　自分の服を着て　　　立つ　で　ドアの前
　　　　　‘1 人の男が自分の服を着てドアの前に立っている。’

一般に，再帰代名詞の“自己”（自分）を束縛できるのは主語のみとされている（Tan 1991, Huang et al. 2009, etc.）。もし，(10a) の存現文における“一个男人”（1 人の男）が単に倒置された主語として機能しているならば，“自己”（自分）を束縛できるはずだが，インデックスが示しているように実際にはできない。一方，(10a) に対応する通常の文 (10b) では“自己”（自分）を束縛できるので，“一个男人”（1 人の男）が主語として機能していることがわかる。これらの事実は，(10a) の存現文で主語として機能しているのは対象項ではなく場所項であることを示している。

　さらに，(10a) から示唆されるように，存現文の目的語名詞（有生物）は動作主としてではなく，ある場所に存在する対象として機能している。このことは (11) の付加詞のコントロールの事実からもわかる。

(11)a.　十个　　人（紧张地）站　　在　屋　　里。
　　　　　十－CL　人　緊張して　立つ　で　部屋　中
　　　　　‘十人が緊張して部屋の中で立っている。’

b. 屋　　里　（*紧张地）站　着　十个　　人。
　部屋　中　　緊張して　立つ ASP 十－CL 人
　'部屋の中に十人が緊張して立っている。'

Tan（1991: 132）

通常，中国語において付加詞をコントロールできるのは動作主（すなわち，多くの場合は主語）のみとされている（Tan 1991）。(11a) では動詞"站"（立つ）が立つ人（"十个人"（十人））を項にとり，立つ場所（"屋"（部屋））が前置詞"在"（で）を伴って現れている。(11b) は (11a) に対応する存現文に当たる。もし，(11b) で"十个人"（十人）が単に倒置された動作主で，主語として機能しているのであれば，(11a) と同じく付加詞"紧张地"（緊張して）をコントロールできると予測されるが，実際はできない。

　以上の事実から，存現文では単に主語が倒置されたのではなく，場所が主語に，そして対象が目的語に具現されていることが確かめられたことになる。また，このことは中国語が厳格な SVO 語順であることからも推察される。さらに，刘（他）(1983) などの記述的研究でも同様のことが認められている。以降，これらの事実を踏まえた上で，具体的な提案を示していく。

4.3.2　存在と所有の変換規則

　議論の出発点として，まずアスペクト助詞による語彙概念構造の書き換えという操作の動機づけを示す。前述のとおり，存現文ではアスペクト助詞"着"と"了"が現れ，それらは交替可能であるということが明らかになっているが，興味深いことに，存現文においてこれらのアスペクト助詞は必須の要素で，(12) に示すとおり (3) の存現文からアスペクト助詞を省略することはできない（グロスは (3) を参照）。

(12) a.　路上倒 {着 / 了} 一棵樹。
　a'. *路上倒一棵樹。
　b.　前面走 {着 /ʔ了} 一対夫妻。

　　b'.＊前面走一对夫妻。

　　c.　石头上刻｛着／了｝一个字。

　　c'.＊石头上刻一个字。

　一般に，継続相を表すとされるアスペクト助詞"着"，完了相を表すとされる"了"（王 1943，呂 1944，Chao 1968，朱 1982，王 1999，高橋 2002 など）は，（12）からわかるように，存現文では"着／了"を用いないと非文となる。このように，アスペクト助詞が存現文において必須であるということから，本論は存現文の形成には，アスペクト助詞による動詞の LCS の存在スキーマから所有スキーマへの変換がかかわっていることを提案する。以下ではそのような変換がどのようにして起こるかについて論じる。

　まず，影山（1996）でも主張されているように，たとえば，（13a）の存在文から（13b）の所有文への変換においては，（14）のように動詞の意味構造で場所に焦点が当たると存在スキーマから所有スキーマへの LCS の書き換えが行われると仮定できる。

（13）a.　A bird nest is in the tree.

　　b.　The tree has a bird nest in it.

（14）a.　存在文

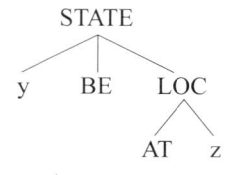

（A bird nest is in the tree.）

　→b.　所有文

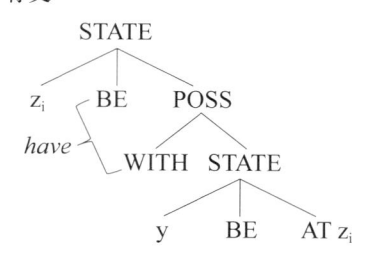

(The tree has a bird nest in it.)

影山 (1996: 55)

影山 (1996) の分析では，存在文が存在対象 (y) に焦点を置いた構文で
あるのに対して (11a)，場所 (z) に焦点を当て，z を主語に取り立てたの
が所有文である (11b)。(11b) に示しているように，(11a) から (11b) へ
の変換においては，(11a) の存在スキーマから取り立てられた z は AT 以
下と同一指示項となり，BE WITH という意味述語の項となる。WITH は
何らかの状態を伴っていること（付随，付帯）を意味する概念を表し（影
山 1996），英語では BE WITH 全体が *have* という動詞として具現される。
(11b) の意味構造は，ある場所 (z) が，何か (y) がその場所 (z) にあるこ
とを所有するということを表している。

　刘（他）(1983) でも示唆されているように，存現文はある場所の状況
などを描写する場合に用いられ，場所句に焦点が当たっているという特徴
があるので，(14) の存在スキーマから所有スキーマへの書き換え規則が
存現文にも関与していると考えられる。そうすると，以下でも見るよう
に，存現文が「場所＋動詞＋対象」の語順になることが説明できる。

　(14) からわかるように，存在の LCS から所有の LCS へと書き換え
られるには，構文において場所を指定する必要があるため，動詞本来の
LCS に場所を変項にとる AT 述語を含む [BE AT] 述語がなければならな
い。場所概念を含む [BE AT] 述語が含まれている動詞とそうでない動詞
を動詞が表す意味タイプで分けてみると，(15) のように列挙することが
できる。第 1 章でも議論したように，語彙概念構造 (LCS) は動詞が表す
（概念的な）意味を反映しているので，それぞれの意味タイプが表す LCS
の雛形は以下のように記述できる。

(15)　LCS に場所を含む AT 述語がある動詞
　　a.　作成動詞（"刻"（彫る），"写"（書く）など）
　　　[EVENT [EVENT x DO] CAUSE [EVENT BECOME [STATE y BE AT z]]]
　　b.　位置変化動詞（"放"（置く），"挂"（掛ける）など）
　　　[EVENT [EVENT x DO ON y] CAUSE [EVENT y MOVE [STATE y BE AT z]]]

c.　着衣動詞（"戴"（被る），"穿"（着る）など）

　　[_EVENT [_EVENT x PUT ON y] CAUSE [_EVENT y MOVE [_STATE y BE AT z]]]

d.　移動様態動詞（"走"（歩く），"跑"（走る）など）

　　[_EVENT x MOVE [_STATE x BE AT z]]

e.　出現動詞（"生"（発生する），"出現"（出現する）など）

　　[_EVENT BECOME [_STATE y BE AT z]]

f.　存在動詞（"住"（住む），"存在"（存在する）など）

　　[_STATE [y BE AT z]]

(16)　LCS に場所を含む AT 述語がない動詞

a.　状態変化動詞（"杀"（殺す），"打破"（壊す）など）

　　[_EVENT [_EVENT x DO ON y] CAUSE [_EVENT BECOME [_STATE y BE AT z]]]

b.　接触・打撃動詞（"打"（殴る），"踢"（蹴る）など）

　　[_EVENT x DO ON y]

c.　知覚動詞（"看"（見る），"听"（聞く）など）

　　[_EVENT x EXPERIENCE y]

d.　飲食動詞（"吃"（食べる），"喝"（飲む）など）

　　[[_EVENT x DO ON y] CAUSE [_EVENT y BECOME [_STATE y BE CONSUMED]]]

e.　生理動詞（"哭"（泣く），"笑"（笑う）など）

　　[_EVENT x EXPERIENCE]

ここで (15) と (16) を少し詳しく見ると，(15) と (16) のうち存現文に現れうる動詞は (15) のタイプになる。動詞の意味構造に場所項をとる AT 述語を含むものは (15) に限られるからである。影山 (1996: 52) で述べられているように，LCS では物理的な位置だけでなく抽象的な状態も同じ意味述語の雛形である [y BE AT z] で表すことができる。したがって，たとえば抽象的な状態と物理的な位置の両方の意味をもつ作成動詞 "写"（書く）の LCS は (17) のように記述できる。

(17)　[_EVENT [_EVENT x DO] CAUSE [_EVENT BECOME [_STATE y BE WRITTEN & y BE AT z]]]

作成動詞は誰か（x）がある行為をしてあるもの（y）がある場所（z）に何かしらの状態で現れるという意味を表すので，それらのLCSにおける [BE AT] には（結果）状態だけでなく場所を指定するATもある（15a）。一方，状態変化動詞（16a）はある対象（y）が変化した状態は指定されるが，変化した場所までは指定されないので，場所項をとるAT述語はない。したがって，たとえば"杀"（殺す）のLCSは（18）のようになる。"杀"（殺す）のAT述語は「死ぬ」という状態変化が指定されていればよい。

(18)　[EVENT [EVENT x DO ON y] CAUSE [EVENT y BECOME [STATE y BE DEAD]]]

　ここで，移動様態動詞のLCSを少し見ておきたい。移動様態動詞のLCSを単に [x MOVE] と記述することもあるのは事実であるが，（15d）の動詞では [EVENT x MOVE [STATE x BE AT z]] のように場所を指定するAT述語が含まれていると考えることができる。「歩く」や「走る」という動作はある場所でその動作が行われることを含意するからである。実際，移動様態動詞の意味構造に場所が項として指定されうることは，移動様態動詞が場所を項（目的語）としてとり，他動詞として機能することがあるからで，（19）からもその事実が伺える（第3章3.3.2節も参照）。

(19)a.　她　　跑　　这里，我　跑　　那里。
　　　　彼女　走る　ここ　私　走る　あそこ
　　　　‘彼女はここ，私はあそこを走る。’
　　b.　我　元　　过　　这个　　公园。
　　　　私　走る　ASP　こ－CL　公園
　　　　‘私はこの公園を走ったことがある。’

　（19）のように，場所を項としてとることは移動様態動詞のLCSに移動するもの（x）と移動する場所（z）が指定されていることを示唆している。一方，"哭"（泣く）などの生理動詞（16e）は（19）に相当する文を作ることができない。（20a）は泣く場所，（20b）は笑う場所が目的語にはなれないことを示している。

(20) a. ＊我　哭　　这里。

　　　　私　泣く　ここ

　　　　‘私はここで泣く。’

　　b. ＊她　　笑　　公园。

　　　　彼女　笑う　公園

　　　　‘彼女は公園で笑う。’

（19）と（20）の対比から移動様態動詞の LCS には場所を指定する AT が含まれ（15d），生理動詞の LCS には場所概念を表す AT が含まれないとすることができる（16e）。

　このように動詞はその意味構造として，場所を変項にとる AT を含む [BE AT] があるものとないものがある。それぞれが表す意味内容を少し詳しく見ておくと，さきほども議論したように，（15a）の作成動詞では，誰か (x) がある行為をしてその結果あるもの (y) がある場所 (z) に現れるという意味を表すので，その意味構造は場所概念の AT を含む LCS で捉えることができる。位置変化動詞はあるもの (y) が移動する先（場所）（15b），着衣動詞は対象 (y) が移動する先（場所，すなわち身体部位）（15c），移動様態動詞は移動する場所（15d），出現動詞は対象 (y) が現れる場所（15e），そして存在動詞にはそれが存在する場所が必要となるために（15f），それぞれの [BE AT] には場所概念を表す AT が必須要素として記載されるのである。一方，場所概念を表す AT を [BE AT] に含まない動詞には（16a–e）のようなものがある。状態変化動詞は誰か (x) がある対象 (y) がある状態になることを引き起こすこと（16a），接触・打撃動詞は誰か (x) が人やもの (y) に働きかけること（16b），知覚動詞は見るや聞くなどの行為を経験すること（16c），飲食動詞は飲み食いした結果対象 (y) が消費されること（16d），そして生理動詞は誰か (x) が生理現象を経験することが意味の中心であり（16e），それぞれ場所が必須要素とならないために，これらの語彙概念構造には場所概念を表す AT を含む [BE AT] が含まれない。このように動詞が表す意味を見ることで，動詞の意味構造に場所を変項にとる AT を含む [BE AT] があるかどうかがわかるのである。

　（14）の LCS の書き換え規則は，動詞の LCS に場所を項にとる AT を

含む [BE AT] があることが必須条件となるので，（15）と（16）のうち存現文を作ることができるのは（15）タイプの動詞に限られることが予測される。以下では，この予測が他動詞，非能格自動詞，非対格自動詞などさまざまな動詞において成り立つことを示していく。

4.3.3　場所概念を含む [BE AT] と他動詞

（14）の LCS の書き換え規則が（15）のタイプの動詞に限って適用できることを示すために，まず（3c）の作成動詞 "刻"（彫る）の語彙概念構造から考えてみる。"刻"（彫る）は動作主（x）が彫るという行為をし，その結果何か（y）が場所（z）に現れるという（15a）タイプの意味構造を表す。

(21)　"刻"（彫る）

[$_{EVENT}$ [$_{EVENT}$ x DO] CAUSE [$_{EVENT}$ BECOME [$_{STATE}$ y BE CARVED & y BE AT z]]]　　　　　　　　　（x=agent, y=theme, z=location）

一般に LCS 上でより高い位置にある変項は項構造さらには統語構造においてもより高い位置に具現されるので（影山 1996），（21）の LCS からは <x, y, z> という項構造が形成されることになる。この LCS からは（22）の文が作られる。

(22)　张三　在　石头　上　刻　了　一个　　字。
　　　 張三　で　石　　上　彫る　ASP　一－CL　文字
　　　 '張三が石の上に文字を 1 つ彫った。'

（22）では動作主（"张三"）が主語，対象（"一个字"）が目的語，そして場所句（"石头"）は前置詞 "在" を伴って副詞句として現れる。このように，"刻"（彫る）本来の LCS からは（3c）の存現文の語順とならないため，存現文に現れるアスペクト助詞 "着／了" が（14）の LCS の書き換え規則を担うと仮定すると，（23）が派生する。そして，（3c）の文構造は（23）のメカニズムから説明できることになる。

(23)　$[_{EVENT} [_{EVENT} x DO] CAUSE [_{EVENT} BECOME [_{STATE} \underline{y\ BE\ CARVED}$
$\underline{\&\ y\ BE\ AT\ z}]]]$

$\downarrow$　　　　　　　　　　　$\downarrow$

ϕ　$[_{STATE} z_i BE WITH [_{STATE} \underline{y\ BE\ CARVED\ \&\ y\ BE\ AT\ z_i}]]$

　　　　　　　　　　　　　　$\downarrow$

　　　　　　　　　　　　　　$<z,$　　$y>$

　　　　　　　　　　　　　　$|$　　　$|$

　　　　　　　　　　　　　SUB　OBJ

　　　　　　　　　　　　　$|$　　　$|$

　　　　　　　　　　　　石头　一个字

　　　　　　　　　　（x=agent, y=theme, z=location）

（23）では以下の操作が働いている。まず，アスペクト助詞により存在を表す LCS $[_{STATE} \underline{y\ BE\ CARVED\ \&\ y\ BE\ AT\ z}]$（下線部）にある場所項（z）に焦点が当てられる。場所に焦点が当てられるということは，（14）で見たように，存在スキーマから所有スキーマへの書き換え規則が適用されるということであり，1 つ目の矢印で表すような LCS が形成されるということである。このことにより，場所（z）が何か（y）がそこに彫られた状態で存在することを所有するという意味構造が出来上がる。この LCS から形成される項構造は，より高い位置にある変項は項構造でもより高い位置にリンクされるため，2 つ目の矢印で示されているように，<z, y> となる（影山 1996, Randall 2010）。項構造レベルでより高い位置にある項は統語構造でもより高い位置に具現されるので，この項構造から場所が主語，対象が目的語に具現され，（3c）の存現文ができることになる。このように，存在スキーマから所有スキーマへの書き換え規則により存現文の語順を自然に説明できる。なお，通常，所有者は有生物であることが多いが，*the table's leg* のように所有物と所有者が部分と全体の関係にあるときは所有関係を結ぶことができる（Pinker 1989）。（23）から派生される（3c）の存現文でも主語名詞 "石头"（石）と目的語名詞 "字"（文字）は部分と全体の関係にある。石に彫られている文字はその石の一部をなすからである。このことからも（14）の LCS の書き換え規則により所有 LCS に書き換えられ

る (23) の分析が支持されることになる。

　(23) では，場所の焦点化に加えて，動作主 (x) の削除も行われる。このことは ϕ で表されている。動作主が削除されると，その可能性として，文字通り動作主がない場合と「不定の人間」という解釈で存在し existentially bound されているという場合の2つがあるが，存現文では前者であると考えるほうがより自然であると思われる (Levin and Rappaport Hovav 1995)。存現文では，不定の人間としての動作主の解釈は難しい。実際，'*石头上莫个人刻着一个字'（石の上には誰かが文字を1つ彫ってある。）のように，不定の誰かでも動作主を出すことはできない。その理由として，動作主の削除は，場所の焦点化の操作によって起こる付随的な機能であると考えることができる。前で見たように，存現文では場所句が主語に具現化されていると考えられる根拠が存在する (Tan 1991)。このことを踏まえた上で，存現文における動作主の削除を考えてみると，動作主が現れないのは，存現文では場所句が主語となるために，通常主語に具現化されるはずの動作主が行き場を失い具現化できなくなるからと考えることができる[3]。実際，場所句と動作主を同時に主語の位置に表出させることはできない。

(24) *石头　上　张三　刻　{着 / 了}　一个　　字。
　　　石　　上　张三　彫る　ASP　　一 − CL　文字
　　　'石の二に张三が文字が1つ彫ってある。'

　さて，本分析は存現文が表す「あるものがある場所に存在する」という存在の意味も説明することができる。結論から言うと，存在の意味は (23) の所有スキーマ $[_{\text{STATE}}\ z_i\ \text{BE WITH}\ [_{\text{STATE}}\ y\ \text{BE CARVED}\ \&\ y\ \text{BE AT}\ z_i]]$ （z が y を所有する）から導くことができる。Pinker (1989) でも議論されているように，一般に所有と存在の間には，'If X HAVE Y, then Y BE (place function) X'という推論規則が働くと考えられている (Jackendoff

---

3　これは，動作主が削除され，元々主語でない項が主語になるという意味で，受身と似ているところがある。

（1983: 192）でも同様の議論が展開されている）。この推論規則を（23）の所有スキーマに適応すると，（23）の所有 LCS が表す「ある場所（石）があるもの（文字）が（彫られた状態で）そこにあることを所有する」という意味から「あるもの（文字）がある場所（石）に（彫られた状態で）存在する」という存在の意味を導くことができる。このように，本分析は存現文の語順を説明できるだけでなく，存現文が表す存在の意味も同時に捉えることができるのである。

　ここで 1 つ注意したいのは，存現文で場所に焦点が当たっていることは，場所句が話題化されているということを意味しているのではないということである。このことは，存現文の主語の後に"呀"や"呢"などの pause particle を置くことができないことからもわかる（Li and Thompson 1981）。

(25) ＊石头　上　{呀 / 呢}　　　刻　　着　　一个　　字。
　　　　石　　上　　Pause Particle　彫る　ASP　一－CL　文字
　　　'石の上には文字が 1 つ彫ってある。'

通常，話題化された名詞句は"呀"や"呢"などの pause particle を挿入できるとされている（Li and Thompson 1981）。もし，存現文で主語として取り立てられた場所が単に話題化されることで焦点が当てられているのだとすると，"呀 / 呢"と共起できるはずだが，実際にはできない。このことは存現文の場所主語が単に話題化を受け焦点化されているのではないことを示している。

　ここで，再度（8c）の逸脱性を考えてみると，（8c）で行為連鎖上の行為を修飾する副詞句"慢慢地"（ゆっくりと）と共起できないのは，（23）で動詞の存在 LCS よりも前の LCS は背景化されており，存現文の LCS である $[_{STATE}\ z_i\ BE\ WITH\ [_{STATE}\ y\ BE\ CARVED\ \&\ y\ BE\ AT\ z_i]]$ には行為を意味する $[_{EVENT}\ x\ DO\ ON\ y]$ が取り除かれているからであると説明することができる。行為を表す LCS が（8c）で背景化されていることは，（26=(24)）のように動作主を表出できないことからも明らかである。

(26) ＊石头　上　张三　刻　｛着／了｝一个　　字。
　　　　 石　　 上　 張三　 彫る　 ASP　　 一－CL　 文字
　　　　 '石の上に張三が文字を 1 つ彫ってある。'

(26) では (23) の DO の項 x に当たる動作主（"张三"）が具現されている
ことになるが，実際には存現文の LCS は概念述語 DO をもたないために
非文となる。この事実は存現文では存在スキーマから場所に焦点が当てら
れることにより，存在スキーマから所有スキーマへの書き換えが起こり，
「場所＋動詞－対象」の語順が得られるということを示唆している。
　　ここで "刻"（彫る）以外の作成動詞や位置変化動詞も存現文に自由に現
れることができることに注目されたい。

(27) a.　墙　 上　画　　着　　 一朵　　　玫瑰花。
　　　　 壁　 上　 描く　 ASP　 一－CL　 バラ
　　　　 '壁にはバラが 1 輪描かれている。'
　　 b.　衣服　 上　绣　　着　　 一只　　　鸟。
　　　　 服　　 上　 縫う　 ASP　 一－CL　 鳥
　　　　 '服の上には鳥（の模様）が 1 つ縫ってある。'
　　 c.　墙　 上　挂　　 着　　 两块　　　金牌。
　　　　 壁　 上　 掛ける　 ASP　 二－CL　 金メダル
　　　　 '壁には金メダルが 2 つ掛けてある。'
　　 d.　桌子　 上　放　　 着　　 两个　　　杯子。
　　　　 机　　 上　 置く　 ASP　 二－CL　 グラス
　　　　 '机の上にはグラスが 2 つ置いてある。'

(27a, b) ではそれぞれ作成動詞 "画"（描く）と "绣"（縫う），(27c, d)
ではそれぞれ位置変化動詞 "挂"（掛ける）と "放"（置く）が現れている存
現文である。(27a, b) の作成動詞は (23) の "刻"（彫る）と同じ LCS をも
ち，(27c, d) の位置変化動詞は (15b) タイプの LCS に当たる (28) のよう
な LCS をもつと考えられ，(27a, b) と (27c, d) はどちらも意味構造に場
所 (z) を変項にとる場所概念の AT を含む [BE AT] 述語があるという点で

共通している。

(28)　　[EVENT [EVENT x DO ON y] CAUSE [EVENT y MOVE [STATE y BE AT z]]]

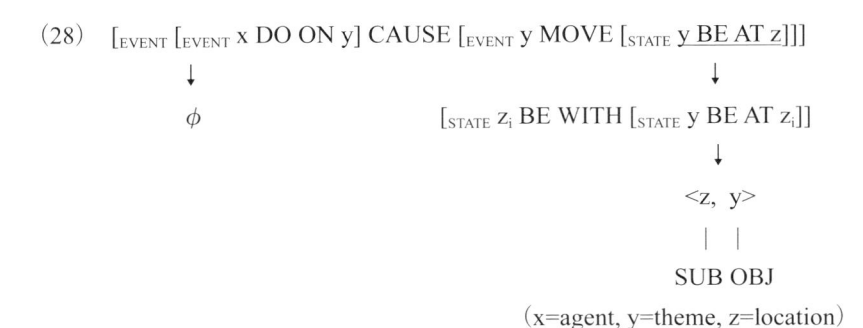

（x=agent, y=theme, z=location）

(28) で示されているように，位置変化動詞は，本来の LCS として動作主 (x) が対象 (y) に働きかけ，その結果 y が場所 (z) に移動する（MOVE）という意味構造をもつ。ここでの LCS においても場所を表す AT があるので，AT がとる変項 z を取り立てることができる。(23) と同様に (14) のスキーマの書き換え規則を動詞の LCS に適用すると，<location, theme> の項構造が形成されることになる。したがって，場所が主語，対象が目的語に具現される (27c, d) のような存現文が作られる。

　作成動詞と位置変化動詞以外にも (15) で意味構造に場所概念を表す AT 述語をもつとされる他動詞には着衣動詞があり，(29) に示すように存現文に現れることができる。

(29) a.　他的头　上　戴　　着　　一个　　帽子。
　　　　　彼の頭　上　被る　ASP　一－CL　帽子
　　　　　‘彼の頭には帽子が1つ被ってある。’
　　b.　他的身　上　穿　着　　一套　　很　　　漂亮的西服。
　　　　　彼の体　上　着る　ASP　一－CL　とても　きれいなスーツ
　　　　　‘彼の体の上にはとてもきれいなスーツが着てある。’
　　c.　她的手　上　戴　　着　一块　　　高级表。
　　　　　彼女の腕　上　着ける　ASP　一－CL　高級時計
　　　　　‘彼女の腕には高級時計が1つ着けてある。’

d. 她的脖子　上　围　着　一条　　红围巾。

彼女の首　　上　巻く　ASP　一－CL　赤いスカーフ

‘彼女の首には赤いスカーフが1つ巻いてある。’

（29a, b, c, d）はそれぞれ着衣動詞"戴"（被る），"穿"（着る），"戴"（着ける），"围"（巻く）の存現文である。（15c）の語彙概念構造の記述に従うと，着衣動詞の LCS は（30）のように記述でき，LCS に場所概念を表す AT 述語があるという点において作成動詞（27a, b），位置変化動詞（27c, d）と共通している。

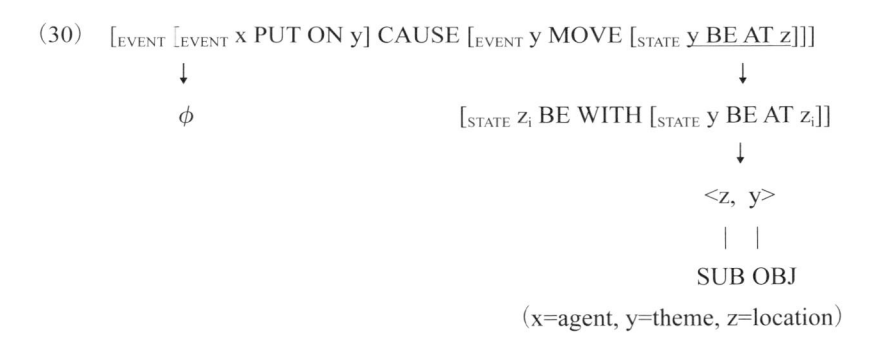

(30)　$[_{\text{EVENT}}\ [_{\text{EVENT}}\ x\ \text{PUT ON}\ y]\ \text{CAUSE}\ [_{\text{EVENT}}\ y\ \text{MOVE}\ [_{\text{STATE}}\ y\ \text{BE AT}\ z]]]$

　　　　↓　　　　　　　　　　　　　　　　　　　↓

　　　　ϕ　　　　　　　　　　$[_{\text{STATE}}\ z_i\ \text{BE WITH}\ [_{\text{STATE}}\ y\ \text{BE AT}\ z_i]]$

　　　　　　　　　　　　　　　　　　　　↓

　　　　　　　　　　　　　　　　　　　$<z,\ y>$

　　　　　　　　　　　　　　　　　　　｜　｜

　　　　　　　　　　　　　　　　　　SUB OBJ

　　　　　　　　　　　（x=agent, y=theme, z=location）

（30）では着衣動詞本来の LCS は，誰か（x）が何か（y）を着てその結果 y が（身体部位の）場所（z）に移動し存在するという意味を表している。また，PUT ON は着るという行為の概念を表している。ここでも大事なのは，着衣動詞の意味構造に場所概念を表す AT 述語があることである。この AT 述語があるため（14）の存在から所有への LCS 書き換え規則を適用することができ，その結果1つ目の矢印で示すような LCS が形成されることになる。この LCS からは $<z, y>$ という項構造が形成されることになる。したがって，場所（z）が主語に，対象（y）が目的語に具現化される（29）の存現文が作られる。

　これに対して，場所概念を表す AT 述語を語彙概念構造に含まないと考えられる知覚動詞は存現文を作ることができない。

(31)a. 张三　在　街　上　看　　了　　很多　　　人。
　　　 張三　で　街　上　見る　ASP　たくさん　人
　　　 '張三が街でたくさんの人を見た。'

　 b. *街　上　看　　了　　很多　　　人。
　　　 街　上　見る　ASP　たくさん　人
　　　 '街にはたくさんの人が見ている。'

(32)a. 张三　在　客厅　里　听　　了　　音乐。
　　　 張三　で　客間　中　聞く　ASP　音楽
　　　 '張三が客間で音楽を聞いた。'

　 b. *客厅　里　听　　了　　音乐。
　　　 客間　中　聞く　ASP　音楽
　　　 '客間には音楽が聞かれている。'

（31a, b）と（32a, b）は知覚動詞"看"（見る）と"听"（聞く）が存現文に現れないことを示している。（16）でも示したように，見ることや聞くことにとって場所概念は必須でないので，知覚動詞のLCSは（33）のように記述できる。

(33)　 [EVENT x EXPERIENCE y]

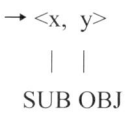

　　　 → <x, y>
　　　　　 ｜　｜
　　　 SUB OBJ　　　　　　　　　　　　　　　　　　（x=agent, y=theme）

（33）では場所を表す意味述語に当たるATがなく，LCSから場所項を取り立てることは不可能なため（14）のスキーマの書き換え規則を適用することができない。その結果，（33）のLCSからは<x, y>という項構造しか形成されず，（31a）と（32a）のような語順のみが許されるのである。

　（16）でLCSに場所概念を表すAT述語がない動詞には他に接触・打撃動詞や飲食動詞などの働きかけを表す他動詞があり，これらのタイプの動詞も知覚動詞と同じく存現文にできない。接触・打撃動詞は接触と打撃という行為をすることが重要であり，飲食動詞は飲食する行為により何かが消

費されることが重要である。そのため，接触・打撃動詞は，[EVENT x DO ON y]，飲食動詞は，[EVENT [EVENT x DO ON y] CAUSE [EVENT y BECOME [STATE y BE CONSUMED]]] という LCS を雛形にもつと考えられる。(34a, b) では接触・打撃動詞の"打"（打つ）と"踢"（蹴る）が，(34c, d) では飲食動詞の"吃"（食べる）と"喝"（飲む）が存現文に現れないことを示している。

(34) a. *屋子　里　打　　着　　李四。
　　　　 部屋　中　殴る　ASP　李四
　　　　 '部屋の中には李四が殴られている。'
　　 b. *屋子　里　踢　　着　　李四。
　　　　 部屋　中　蹴る　ASP　李四
　　　　 '部屋の中には李四が蹴られている。'
　　 c. *教室　里　吃　　着　　苹果。
　　　　 教室　中　食べる　ASP　りんご
　　　　 '教室の中にはりんごが食べてある。'
　　 d. *教室　里　喝　　着　　咖啡。
　　　　 教室　中　飲む　ASP　コーヒー
　　　　 '教室の中にはコーヒーが飲まれている。'

日本語訳からもわかるように，殴られている，あるいは蹴られている"李四"が部屋にいるという存在の意味を表す存現文を作ることはできない (34a, b)。同様に，食べられたりんごや飲まれたコーヒーが教室にあるという存現文を作ることもできない (34c, d)。食べられたり飲まれたりすると（少なくとも原型として）対象物は存在しなくなるからである。この意味は飲食動詞の LCS に [STATE y BE CONSUMED] として指定されている。存現文はあるものの存在を表す構文であるので，何かが消費されなくなることを LCS で指定する飲食動詞は存現文と共起できないのである。

　以上のことから，存現文では動詞本来の LCS に場所を変項に含む意味述語 [BE AT] が必要であることがわかり，この場所に焦点が当てられ取り立てられることで，存在スキーマから所有スキーマへの書き換え規則が適用された結果，最終的に <location, theme> という項構造から「場所＋動詞

＋対象」という存現文の語順が得られることがわかる。次節では，これと同じことが非能格自動詞と非対格自動詞にも言えることを見ていく。

4.3.4　場所概念を含む [BE AT] と自動詞
4.3.4.1　非能格自動詞

　動詞の語彙概念構造に場所を変項にとる AT 述語があるのは，作成動詞などの他動詞だけでない。自動詞でも同様のことが言える。まず，（15d）の移動様態動詞から考えてみることにする。非能格自動詞に当たる移動様態動詞もやはり作成動詞や位置変化動詞の他動詞と同じく存在スキーマから所有スキーマへの書き換えによって存現文に現れることができる。移動様態動詞には "走"（歩く）などがあり，（35=(3b)）は（36）の LCS から説明できる。

（35）　前面　走　　着　　一対　　夫妻。
　　　　前　　歩く　ASP　一－CL　夫婦
　　　　'前には 1 組の夫婦が歩いている。'

（36）　$[_{\text{EVENT}}$ x MOVE $[_{\text{STATE}}$ x BE AT z]]

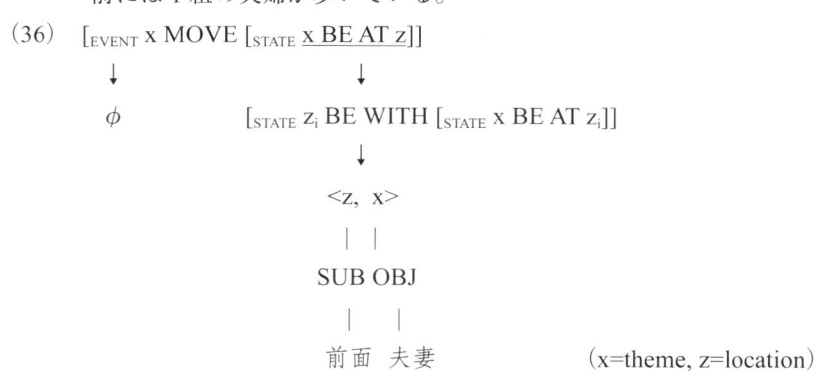

影山・由本（1997）や岸本（2009）でも議論されているように，「歩く」のような移動（様態）動詞の概念述語として MOVE が設定される。歩くという移動の行為があれば，ある場所（移動先）に存在することになることから，BE AT の概念構造も設定されることになる（(19) を参照）。したがって，移動様態動詞を表す非能格自動詞の LCS は誰か（x）が移動し，

ある場所に存在するという意味を表す（36）の1つ目のLCSになる。（36）でも場所概念を表すAT述語があるのでATがとる場所項（z）に焦点が当てられると，（14）の存在スキーマから所有スキーマへの書き換え規則が働き，1つ目の矢印で表すようなLCSが形成される。その結果，場所（z）が主語に，そして対象（x）が目的語に具現され，存現文が作られることになる。（36）でもう1つ重要なのはスキーマの書き換え規則により動詞の元のLCSからMOVEが背景化されていることである。MOVEの背景化により，存現文のLCSに概念述語MOVEが取り除かれるので，（8b）のように副詞句"慢慢地"（ゆっくりと）は動作の様態を修飾することができなくなる。

　歩くという行為は意志的に行うことができるので，（35）の"一対夫妻"（1組の夫婦）を動作主としてみなすことも可能だが，存現文で現れたときは歩く動作主ではなくその場所に歩いている状態で存在する対象として機能している。このことは（37）の対比からも明らかである。

(37) a. *前面　故意地　走　着　一対　　夫妻。
　　　　前　　わざと　歩く　ASP　一 – CL　夫婦
　　　　'前にはわざと1組の夫婦が歩いている。'
　　b.　一対　　夫妻　故意地　走　在　前面。
　　　　一 – CL　夫婦　わざと　歩く　で　前
　　　　'1組の夫婦が前でわざと歩いている。'

"故意地"（わざと）は動作主指向の副詞とされている。動作主を項にとるLCSの概念にはDOがあるが，ここではMOVEが動作主の項をとることができる。移動するという行為を意図的に行うことができるからである。もし，（35）の"一対夫妻"（1組の夫婦）が動作主であるならば"故意地"（わざと）と共起できるはずだが，（37a）が示すように実際にはできない。対照的に，"一対夫妻"（1組の夫婦）が主語に現れる（37b）では可能である。（37）の事実から場所が主語に現れる（35）の存現文では"一対夫妻"（1組の夫婦）は動作主ではなくその場所に存在する対象として機能していることがわかる。

　移動動詞は，場所句を移動の経路（Path）としてとることもあるが（Jackendoff 1983, 1990），以下の例から，（35）の存現文の“前面”（前）は経路として機能していないことがわかる。

(38) a.　張三　沿　　（着）　登山路　从　　A 地点　走　　到　　了　　B 地点。

　　　　　張三　　通って ASP 登山路　　から　A 地点　歩く まで ASP B 地点

　　　　　‘張三はハイキングコースを A 地点から B 地点まで歩いた。’

　　 b.　張三　沿　　（着）　登山路　走　　了　　三公里。

　　　　　張三　　通って ASP　登山路　歩く　ASP　3 キロメートル

　　　　　‘張三はハイキングコースを 3 キロ歩いた。’

　　 c.　*前面　从　　A 地点　走　　到　　了　　B 地点　一対　　夫妻。

　　　　　前　　から A 地点　歩く　まで ASP B 地点　一 – CL 夫婦

　　　　　‘前には A 地点から B 地点まで 1 組の夫婦が歩いている。’

　　 d.　*前面　走　　了　　三公里　　　　一対　　夫妻。

　　　　　前　　歩く ASP　3 キロメートル　一 – CL　夫婦

　　　　　‘前には 1 組の夫婦が 3 キロ歩いている。’

中国語の経路表現は通常，英語の *through* などに相当する“沿”などの前置詞を伴って現れ，（38a, b）の“登山路”（ハイキングコース）は経路を表している。経路表現は（38a, b）で示しているとおり，「A 地点から B 地点まで」のように経路の一部を切り取って表すことや「3 キロメートル」のように動作の距離を指定することができる。もし（35）の存現文の場所句“前面”（前）が経路であるならば，（35）もこれらの表現と共起できると予測されるが，実際は（38c, d）に示しているようにそうではない。また，存現文の場所句は“沿”などのような前置詞を伴っても現れない。以上のことから，存現文の場所表現はあくまで対象が存在する場所を表しており，経路でないことがわかる。このことは，存現文の場所句が意味構造において対象の存在する場所を表す項として働くことからも明らかであろう（上野・影山 2001: 42）。

　もちろん，“走”（歩く）以外の移動様態動詞も存現文に現れることができ，（39）が示すように“跑”（走る），“游”（泳ぐ），“飞”（飛ぶ）などが

これに当たる。

(39) a.　前面　跑　着　很多　　人。
　　　　　前　　走る　ASP　たくさん　人
　　　　　'前にはたくさんの人が走っている。'
　　　b.　池　里　游　着　八条　　鯉魚。
　　　　　池　中　泳ぐ　ASP　八 − CL　鯉
　　　　　'池の中には 8 匹の鯉が泳いでいる。'
　　　c.　天　上　飞　着　五只　　鸟。
　　　　　空　上　飛ぶ　ASP　五 − CL　鳥
　　　　　'空には 5 羽の鳥が飛んでいる。'

"跑"（走る），"游"（泳ぐ），"飞"（飛ぶ）も"走"（歩く）と同じく移動様
態動詞であるので，（15d）の LCS の雛形に当たる（36）の LCS を形成す
ることになる。したがって，（39）の存現文を作ることができる。これに
対して，（41a, b）に示すように場所概念を表す AT 述語が LCS に記載され
ていない（40a）の生理動詞や（40b）の動作動詞は存現文を作ることがで
きない。

(40) a. *会场　里　哭　着　很多　　小孩。
　　　　　会場　中　泣く　ASP　たくさん　こども
　　　　　'会場にはたくさんのこどもが泣いている。'
　　　b. *屋子　里　叫　着　三个　小姑娘。
　　　　　部屋　中　叫ぶ　ASP　三 − CL　少女
　　　　　'部屋の中には 3 人の少女が叫んでいる。'

(41) a.　[$_{\text{EVENT}}$ x EXPERIENCE]
　　　b.　[$_{\text{EVENT}}$ x DO]

"哭"（泣く）などの生理動詞の LCS と"叫"（叫ぶ）などの意図的な行為
を表す LCS は，それぞれ（41a, b）のように記述できる。（41a）は誰か（x）
が泣く行為を経験すること，（41b）は誰か（x）が叫ぶ行為をすることを表

している。これらの LCS は単にある生理現象を経験することやある行為が行われることを表すので，その LCS には場所概念を表す AT 述語がない。したがって，（14）の LCS 書き換え規則を適用することができないために（40）の存現文を作ることはできない。

4.3.4.2　非対格自動詞

　LCS に場所を変項にとる AT 述語が含まれる自動詞は"走"（歩く）などの移動様態動詞を表す非能格自動詞だけでなく，非対格自動詞"倒"（倒れる）などがある。本分析では LCS に場所概念を表す AT 述語があるかないかが重要なので，"倒"（倒れる）などの動詞も存現文に現れる。Levin and Rappaport Hovav（1995）でも議論されているように，英語では非対格自動詞の中でも状態変化動詞（自他交替があるもの）の場合は Locative Inversion ができない。

（42）a.　*On the top floor of the skyscraper BROKE many windows.

　　　b.　*On the streets of Chicago MELTED a lot of snow.

Levin and Rappaport Hovav（1995: 224）

（42）からわかるように，状態変化を表す非対格自動詞 *break* と *melt* は Locative Inversion に現れない。これは，*break* や *melt* の LCS が [$_{\text{EVENT}}$ y BECOME y BE STATE] のような状態変化の LCS をもつからである。この LCS には場所概念の AT 述語がない。

　英語と同じく，以下に示すように中国語もまた状態変化を表す非対格自動詞は存現文に現れない（43c）。

（43）a.　张三　打破　　　　了　　杯子。

　　　　　張三　打つ−壊れる　ASP　コップ

　　　　　'張三がコップを壊した。'

　　　b.　杯子　　破　　　了。

　　　　　コップ　壊れる　ASP

　　　　　'コップが壊れた。'

    c. *桌子　上　破　　着　　一个　　杯子。
       机　　上　壊れる　ASP　一－CL　コップ
       ‘机の上にはコップが1つ壊れてある。’
    d. *桌子　上　打破　　　着　　一个　　杯子。
       机　　上　打つ－壊れる　ASP　一－CL　コップ
       ‘机の上にはコップが1つ壊れてある。’

（43a, b）は“打破”（打つ－壊れる）と“破”（壊れる）の自他交替を表す文である。ここで“破”（壊れる）は何かが壊れる状態になるという状態変化を表す非対格自動詞である。状態変化の意味を表す非対格自動詞は（43c）のように存現文にできない。これは（43c）が（44）の LCS をもつからである。

（44）　[_EVENT_ y BECOME [_STATE_ y BE BROKEN]]

（44）の LCS には場所を変項にとる AT 述語がなく，（14）の存在スキーマから所有スキーマへの書き換え規則を適用することができない。したがって，（43c）の存現文を作ることはできない。これと同じ理由により（43d）の“打破”（打つ－壊れる）も存現文に現れない。“打破”（打つ－壊れる）は使役状態変化を表す他動詞なので，（45）のような LCS をもつ。

（45）　[_EVENT_ x DO ON y [_EVENT_ y BECOME [_STATE_ y BE BROKEN]]]

（45）の LCS もまた場所を変項にとる AT 述語がないので，（14）の LCS 書き換え規則を適用できない。したがって，（43d）のような存現文はできない。（45）の LCS をもつ状態変化他動詞が存現文に現れないことは（46）の例からも明らかである。

（46）*路　上　杀　着　　一个　　人。
     道　上　殺す　ASP　一－CL　人
     ‘道の上には人が1人殺されている。’

"殺"（殺す）も（45）の LCS をもつ使役状態変化他動詞なので，この LCS
からは（46）の存現文を作ることはできない。

　一方，英語と同じく出現や消失を表す非対格自動詞は存現文でも自由に
現れる。まず，出現の意味を表す非対格自動詞について考えてみることに
する（47=（3a））。

(47)　路　上　倒　　着　　一棵　　　樹。
　　　　道　上　倒れる　ASP　一－CL　木
　　　　'道の上には木が 1 本倒れている。'

（47）は次の（48）のメカニズムから説明できる。

(48)　[$_{EVENT}$ y BECOME [$_{STATE}$ y BE FALLEN & y BE AT z]]
$$\downarrow$$
[$_{STATE}$ z$_i$ BE WITH [$_{STATE}$ y BE FALLEN & y BE AT z$_i$]]
$$\downarrow$$
$$<z, \quad y>$$
$$|\quad\ |$$
SUB OBJ
$$|\quad\ |$$
路　　樹　　　（y=theme, z=location）

（48）の 1 つ目の LCS は"倒"（倒れる）が何か（y）が変化してその結果あ
る場所（z）に倒れるという意味を表している。ここでも重要なのは LCS
に場所（z）を変項にとる AT 述語が含まれていることである。他動詞と非
能格自動詞の場合と同じく，存在スキーマから所有スキーマへの書き換
え規則により AT がとる場所項（z）に焦点が当てられると（下線部），2 つ
目の LCS が形成される。この LCS から場所が対象に先行する項構造 <z,
y> が形成されると，場所（z）が主語に，対象（y）が目的語に具現される
（47）の文が出来上がる。さらに，スキーマの書き換えにより，1 つ目の
LCS にある BECOME 述語が存現文の LCS ではなくなるので，（8a）で示

したように，行為連鎖上の変化を修飾する副詞句"慢慢地"（ゆっくりと）
と相容れないことになる。

　消失の意味を表す非対格自動詞も基本的には (48) と同じメカニズムが
働いている。「去る」という消失の意味を表す動詞"走"（去る）が現れて
いる (49) の存現文は (50) から説明できる。なお，"走"（去る）には移動
の意味が含まれている。すなわち，去った着点が動詞の意味構造に含まれ
ていると考えられる。この意味は (50) の LCS で記述できる。

(49)　班　　　里　走　了　　一名　　同学。
　　　クラス　中　去る　ASP　一－CL　クラスメイト
　　　'クラスの中からクラスメイトが 1 人去った。'

任（2005: 26）（グロスと訳は筆者による）

(50)　[EVENT y BECOME [STATE y NOT BE AT z] & [STATE y AT z]]

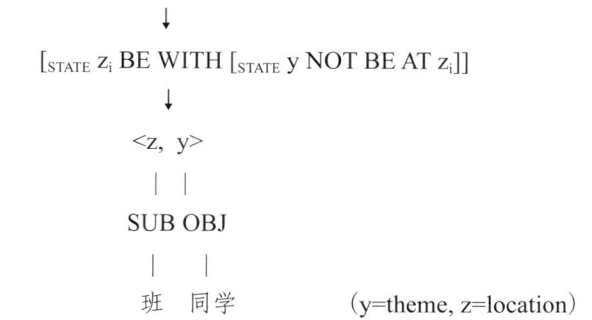

$$\downarrow$$
$$[\text{STATE } z_i \text{ BE WITH } [\text{STATE } y \text{ NOT BE AT } z_i]]$$
$$\downarrow$$
$$<z,\ y>$$
$$|\ \ |$$
$$\text{SUB OBJ}$$
$$|\ \ \ |$$
班　同学　　　　　　(y=theme, z=location)

陈 (1957) や任 (2007) でも議論されているように，出現は存在の始まり
であり消失は存在の終結であるので，広義的に存現文はすべて存在を表
すことになる。この考えを踏襲すると，存在の終結を表す消失の LCS は，
(50) の 1 つ目の LCS の下線部，すなわち，対象 (y) がある場所 (z) に存
在しなくなるという意味構造で記述することができる。さらに，"走"（去
る）には（A から B に去るという）移動の意味があるので，[STATE y AT z]
のように着点 (z) を項にとる AT 述語も LCS に含まれることになる（な
お，この着点 LCS がハイライトされないのは，すぐ後で見るように存現
文では純粋な着点表現は現れないからである）。ここでもやはり場所概念

を含む AT 述語があるので，場所（z）に焦点が当てられると，存在スキー
マから所有スキーマへの書き換え規則が適用され，2 つ目の LCS が形成
される。その結果，場所が対象よりも高い位置になるので，場所項が主語
に，対象項が目的語に具現される。

　李（1986）などで出現・消失を表す存現文の場所句は動作の起点や着点
を表すとされているが，(49) の場所句"班里"（クラスの中）は動作の起
点として機能していない。(49) の"班里"（クラスの中）はクラスメイト
が去っている場所を表すのではなく，クラスメイトが去った状態を表すか
らである。さらに，存現文の場所句が着点として機能していないことは次
の例からわかる。通常，動詞"到"（着く）は着点を表すが (51a)，(51b)
のように対応する存現文を作ることはできない。

(51) a.　火車　到　　了　　車站。
　　　　　列車　着く　ASP　駅
　　　　　'列車が駅に着いた。'
　　　b. *車站　到　　了　　火車。
　　　　　駅　　着く　ASP　列車
　　　　　'駅には列車が着いている。'

(51a) からわかるように，"到"（着く）は着点項をとる。この着点項を
LCS で記述すると，$[_{\text{EVENT}}\ \text{x MOVE } [\text{x AT z}]]$ とすることができる。しかし
ながら，(51b) からわかるように，着点を項にとる (51a) は存現文にでき
ない。さらに，移動様態動詞"走"（歩く）に"到"（着く）を付加して着点
を指定することもできるが (52a)，(51b) 同様それに対応する存現文を作
ることはできない (52b)。

(52) a.　很多　　人　走　　到　　車站　了。
　　　　　たくさん　人　歩く　着く　駅　　ASP
　　　　　'たくさんの人が駅に歩いて着いた。'
　　　b. *車站　里　走　　到　着　　很多　　人。
　　　　　駅　　中　歩く　着く　ASP　たくさん　人

'駅の中にはたくさんの人が歩いて着いている。'

(52)の対比からわかるように，移動様態動詞"走"（歩く）に着点を指定する"到"（着く）が付くと存現文を作ることはできない。以上の事実から，存現文に現れる場所句は動作の着点や起点を表すのでなく，ある状態が存在する場所を表すことがわかる。実際，(52b)で「たくさんの人が歩いて着いた場所」という着点の意味を場所句が担うことはできない。このように，[y AT z] で表される着点項（z）は存現文にできないのである。このことは，(53)の時間副詞のふるまいからもわかる。何かが到着してある場所にいるというのは一瞬の出来事であるから，継続時間を表す副詞句とは共起できない。

(53) a. *火车　一直　　到　　了　　车站。
　　　　列車　ずっと　着く　ASP　駅
　　　　'列車がずっと駅に着いている（状態だ）。'
　　b. *很多　　人　一直　　走　　到　　车站　了。
　　　　たくさん　人　ずっと　歩く　着く　駅　　ASP
　　　　'たくさんの人がずっと駅に歩いて着いている（状態だ）。'

(53)からわかるように，到着した後の状態が継続しているという意味を副詞句"一直"（ずっと）で修飾することはできない。これは，着点を表す LCS[y AT z] に継続時間で修飾できる意味述語 BE がないからである。一方，これまで見てきた存現文の LCS には [y BE AT z] のように意味述語 BE が含まれている。通常，状態の意味述語 BE は継続時間を表す副詞と共起できる（Dowty 1979, 影山 1996）。もちろん，これまで議論してきた(3)の存現文も副詞句"一直"（ずっと）と共起できる。

(54) a. 路　上　一直　　倒　　着　　一棵　　树。
　　　　道　上　ずっと　倒れる　ASP　一–CL　木
　　　　'道の上には木が1本ずっと倒れている。'

b.　前面　一直　走　着　一対　　夫妻。
　　前　　ずっと　歩く　ASP　一－CL　夫婦
　　'前には 1 組の夫婦がずっと歩いている。'

c.　石头　上　一直　刻　着　一个　　字。
　　石　　上　ずっと　彫る　ASP　一－CL　文字
　　'石の上には文字が 1 つずっと彫ってある。'

このように，継続時間を表す副詞句と存現文が共起することは，存現文に現れる場所句が単に AT で表される着点でないことを如実に物語っている。これまで存現文の意味構造には何かが（ある状態で）存在する場所を表す [y BE AT z] が含まれていなければならないと論じてきたのはまさにこのためであり，実際，（52b）の"车站"（駅）が存現文の場所句として機能できるのは着点を表す（52b）ではなく，人が歩いている状態を表す場所を示す次の（55）に限られる。

(55)　车站　里　走　着　很多　　人。
　　　駅　　中　歩く　ASP　たくさん　人
　　　'駅の中にはたくさんの人が歩いている。'

　出現・消失の意味を表す非対格自動詞は（56）のように自由に存現文に現れることができる。これは出現動詞であれば（48）のように，消失動詞であれば（50）のようにそれぞれ場所を変項にとる AT 述語を含む LCS をもつからである。以下，（56a, b）は出現を表す"长"（生える）と"生"（発生する），（56c, d）は消失を表す"跑"（逃げる）と"下去"（降りる）の存現文である。

(56) a.　地　　上　长　　着　一棵　　树。
　　　　地面　上　生える　ASP　一－CL　木
　　　　'地面には木が 1 本生えている。'

b.　腿　上　生　　了　一个　　疮。
　　脚　上　発生する　ASP　一－CL　傷

'脚の上には傷が1つできている。'

c. 我的家　里　跑　　了　一只　　鳥。
　　私の家　中　逃げる　ASP　一－CL　鳥
　　'私の家の中から鳥が1羽逃げている。'

d. 火车　上　下去　　了　很多　　人。
　　列車　上　降りる　ASP　たくさん　人
　　'列車からたくさんの人が降りている。'

　さらに，"死"（死ぬ）なども存現文に現れる。中国語の"死"（死ぬ）は'死！'（死ね）のように命令形にすると不自然になるので（願望の意味が強い），非対格自動詞とすることができる。"死"（死ぬ）は誰か（y）がある場所（z）に死んだ状態で存在するという（57a）のLCSで記述することができる。そうすると，（48）と同じメカニズムが働くので，（57b）の存現文を作ることができる（LCSの書き換え規則は（48）と同じなので，ここでは省略する）。

(57) a. "死"：[$_\text{EVENT}$ y BECOME [$_\text{STATE}$ y BE DEAD & y BE AT z]]

b. 村　里　死　　了　一个　　老太太。
　　村　中　死ぬ　ASP　一－CL　おばあさん
　　'村の中には1人のおばあさんが死んでいる。'

　"死"（死ぬ）を非対格自動詞ではなく，単に死んだ状態である場所に存在しているという存在動詞とみなすことも可能だが，4.4.3節で見るように存在動詞も存現文に現れることができる。いずれにしても，（14）のLCS書き換え規則は"死"（死ぬ）にも適用されるということである。

　これまで議論してきたことから存現文に現れることのできる動詞に関して次の一般化を行うことができる。

(58)　場所概念を含む意味述語 [BE AT] を語彙概念構造に含む動詞のみ存現文に現れる。

ここで，場所を変項にとる AT 述語がある動詞とは，（15）と（16）で分類した動詞クラスのうち（15）のようなタイプを指している。そこでも議論したように，動詞の LCS に場所を項にとる AT 述語があるかないかは，動詞の意味分類（作成動詞，位置変化動詞，出現・消失動詞など）を見ることで判明する。すなわち，ある動詞の属する動詞クラスを見ることによりそれが存現文に現れることができるかどうかが（58）から予測できるのである。

　以上，本節では存現文で必須の要素であるアスペクト助詞に着目した上で，語彙概念構造による語彙的分析を提案し，アスペクト助詞が動詞の元の LCS にある存在スキーマから所有スキーマへの書き換えを行うために，元の動詞の LCS から予測されない「場所＋動詞＋対象」という存現文の語順が生まれるという提案を行った[4]。また，存現文がもつ存在の意味は書き換えられた所有の LCS により，所有から存在への推論規則によって導くことができることを示した。次節では，存在スキーマから所有スキーマに書き換えられるという語彙的分析の根拠を示していく。

4.4.　LCS 書き換え規則の根拠

4.4.1　語彙的操作

　存現文では，存在の LCS から所有の LCS への書き換えが行われるという前節の分析の根拠として，本節では，語彙的分析をとる根拠を提示しておく。中国語は英語と異なり，通常「前置詞＋場所句」を主語位置に出すことはできない。

(59) a. ＊在　　路　上　倒　　　着　　　一棵　　　树。
　　　　で　道　上　倒れる　ASP　一－CL　木
　　　　'道の上には木が 1 本倒れている。'
　　 b. ＊在　　前面　走　着　　　一对　　　夫妻。
　　　　で　前　歩く　ASP　一－CL　夫婦

4　通常，アスペクト助詞は統語上の概念であると考えられているが，ここで提案した語彙論的分析が正しいとすると，中国語では語彙のレベルにもアスペクト助詞がかかわることになる。

      ‘前には 1 組の夫婦が歩いている。’

  c. [*]在 石头 上 刻   着   一个   字。

      で   石   上 彫る ASP   一－CL 文字

      ‘石の上には文字が 1 つ彫ってある。’

(59) からわかるように，非対格自動詞 (59a)，非能格自動詞 (59b)，そして他動詞 (59c) のいずれにおいても前置詞“在”（で）を伴って場所句を主語位置に具現することはできない。このことは，中国語の存現文が単に対象と場所を表面上倒置させたのではないことを表している (Lin 2008)。これは本書で提案してきたような語彙概念構造などによる語彙的な分析が必要であることを示唆している。なお，この点では Pan (1996) もアスペクト助詞 (“着”) に着目し，(他) 動詞の項構造から動作主を取り去るという語彙的分析を提案しているが，Pan (1996) の分析では (8) で見たように，他動詞，非能格自動詞そして非対格自動詞にかかわらず，行為連鎖上における状態以外の部分を修飾できないという一貫した事実を説明できない。これに対して，存在スキーマから所有スキーマへの書き換え規則による本論の分析でに，行為連鎖上における状態以外の部分は存現文の LCS では取り除かれているので，(8) のようにこれらを修飾する副詞と相容れない事実を説明することができる。

4.4.2 アスペクト

  存現文で存在 LCS から所有 LCS への書き換え規則が働いていることは時間副詞との共起制限から確かめることができる。便宜上，“刻”（彫る）の LCS を (61) に再掲する。

(60)a. 张三 在 石头 上 花了一个小时 刻   了   一个   字。

      張三 で   石   上 一時間で   彫る ASP   一－CL 文字

      ‘張三は 1 時間で石の上に文字を 1 つ彫った。’

  b. [*]石头 上 花了一个小时 刻   了   一个   字。

      石   上 一時間で   彫る ASP   一－CL 文字

      ‘石の上には 1 時間で文字が 1 つ彫ってある。’

（61＝(23)）　$[_{\text{EVENT}}\ [_{\text{EVENT}}\ \text{x DO}]\ \text{CAUSE}\ [_{\text{EVENT}}\ \text{BECOME}\ [_{\text{STATE}}\ \underline{\text{y BE}}$
$\underline{\text{CARVED \& y BE AT z}}]]]$

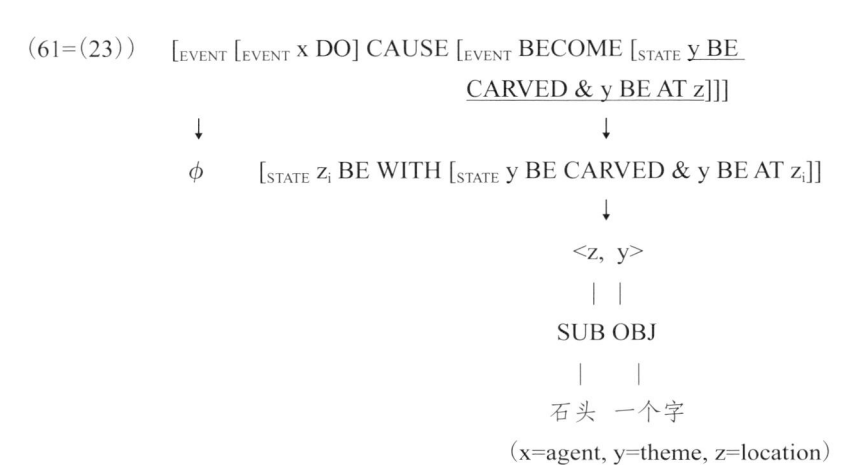

ϕ　$[_{\text{STATE}}\ z_i\ \text{BE WITH}\ [_{\text{STATE}}\ \text{y BE CARVED \& y BE AT}\ z_i]]$

$<\text{z,\ y}>$

｜　｜

SUB OBJ

｜　　｜

石头　一个字

（x＝agent, y＝theme, z＝location）

"刻"（彫る）は動作主（"张三"），対象（"一个字"）そして場所（"石头上"）を項にとると，(61) の 1 つ目の LCS を形成することになるので，(60a) の語順として具現される。ここで重要なのは (61) の 1 つ目の LCS が達成を表していることである。通常，達成動詞は完結性があるとされているので，"花了一个小时"（1 時間で）のような時間副詞と共起することができる (60a)。これに対して，LCS の書き換えが行われると，(61) の 2 つ目の LCS が全体として $[_{\text{STATE}}…]$ と指定されていることからもわかるように，存現文の LCS は達成ではなく状態を表すことになる。一般に状態は "花了一个小时"（1 時間で）のような時間副詞と共起できない。実際，(60b) の存現文では "花了一个小时"（1 時間で）は現れない。これは LCS 書き換え規則により意味構造が達成から状態に書き換えられているからである。

　(60) の時間副詞のふるまいは非対格自動詞でも同じことが観察される。非対格自動詞は到達の事象を表すとされているので，それ自体では完結性をもつ動詞である。本分析が正しいとすると，非対格自動詞の場合でも (60) と同様に完結を表す時間副詞と存現文は共起できないことが予測されるが，(62) に示すように，この予測はまさに正しい。

(62)a.　一棵　　树　花了十年　长　　　在　地上。
　　　　一－CL　木　十年で　　生える　で　地面

'1 本の木が 10 年で地面に生えた。'

 b. *地上 花了十年 长 着 一棵 树。

  地面 十年で 生える ASP 一－CL 木

  '地面には 10 年で木が 1 本生えている。'

このように，動詞のアスペクトに関するふるまいから語彙概念構造の書き換えがあるという本分析が経験的に支持されることがわかる。次節では本分析を経験的に支持するさらなる根拠を示していく。

4.4.3 "有" との置換と状態性

存現文は存在の意味を表す構文である。中国語には存在の意味を表す代表的な動詞として "有"（所有の用法と併用）と "在" がある。通常，この2 つの動詞はそれぞれ異なるフレームをもつとされており，(63) と (64) がそれぞれの具体例である。

(63) "有"（存在）のフレーム

  桌子 上 有 一本 书。

  机 上 ある 一－CL 本

  '机の上には本が 1 冊ある。'

(64) "在" のフレーム

  书 在 桌子 上。

  本 ある 机 上

  '本が机の上にある。'

"有" と "在" はどちらも存在の意味を表すことができるが，"有" が「場所＋動詞＋対象」の語順をとるのに対して (63)，"在" は「対象＋動詞＋場所」の語順をとる (64)。このフレームの使い分けは "有" と "在" の動詞自体の特性であるので，それぞれ (65) と (66) のような LCS で記述できる。

(65) "有"（存在・所有）の LCS

  [$_{STATE}$ x/z HAVE y]

（66）　"在"（存在）の LCS

　　　　[$_{\text{STATE}}$ y BE AT z]

（x=possessor, y=theme, z=location）

"有"は存在に加えて所有の用法がある。所有用法の"有"は「所有者＋
"有"＋もの」の語順をとる。たとえば，'我有一本书'（私は1冊の本を
もっている。）などがこれに当たる。このように"有"が存在の意味を表
すか所有の意味を表すかについては，主語名詞に場所が現れるか所有者
が現れるかという違いがあるものの，その基本的な概念構造は同じであ
ると考えることができる（Lyons 1967）。このことを LCS に反映させると
（65）のようになる。（65）の x/z は x（possessor）あるいは z（location）の
どちらかが選択されることを表している。"有"が所有を表す場合は誰か
（x）が何か（y）を所有する（HAVE）という意味を表す [$_{\text{STATE}}$ x HAVE y] の
LCS となる。そして，"有"が存在を表す場合の LCS は，[$_{\text{STATE}}$ z HAVE
y]（場所（z）が何か（y）を所有する）とすることができる（存現文の所有
LCS [$_{\text{STATE}}$ z_i BE WITH [$_{\text{STATE}}$ y BE AT z_i]] との違いは以下の定性制約の議論
を参照）。前節でも述べたように，所有と存在の間には推論規則が働いて
いる（Pinker 1989）。そうすると，"有"の存在の意味は [$_{\text{STATE}}$ z HAVE y] か
ら「ある場所があるものを所有するということは，あるものがある場所に
存在する」という推論によって得ることができる。一方，"在"には存在
の用法しかないので，（66）の何か（y）がある場所（z）に存在するという
LCS となる。

　ここで大事なのは，（65）と（66）から得られるフレームの違いである。
（65）の LCS から存在を表す"有"では場所が対象よりも高い位置に生成
されることがわかり，（66）の LCS から存在を表す"在"は対象が場所よ
りも高い位置に生成されることがわかる。もし，本論の分析が正しいとす
ると，存現文に現れる「動詞＋アスペクト助詞」は"有"とは交替可能だ
が，"在"とは交替できないことが予測される。なぜなら，存現文と"有"
は同じ「場所＋動詞＋対象」という語順をもつからである。（67）と（68）
に示すとおり，この予測はまさに正しい（（68）のグロスは（67）を参照）。

(67) a. 路　上　{倒　　着 /　有}　一棵　　　樹。
　　　　　道　上　　倒れる　ASP　ある　一－CL　木
　　　　　'道の上には木が 1 本 {倒れている / ある}。'

　　　b. 前面　{走　　着 /　有}　一対　　　夫妻。
　　　　　前　　　歩く　ASP　ある　一－CL　夫婦
　　　　　'前には 1 組の夫婦が {歩いている / いる}。'

　　　c. 石头　上　{刻　　着 /　有}　一个　　　字。
　　　　　石　　上　　彫る　ASP　ある　一－CL　字
　　　　　'石の上には文字が 1 つ {彫ってある / ある}。'

(68) a. ＊路上 {倒着 / 在} 一棵樹。
　　　b. ＊前面 {走着 / 在} 一対夫妻。
　　　c. ＊石头上 {刻着 / 在} 一个字。

この事実はまさにアスペクト助詞によって動詞の意味構造が書き換えられ
るという本論の分析の妥当性を支持するものと考えられる。LCS の書き
換えがなければ，どちらの存在動詞とも交替してよいはずだが，実際には
そうではない。LCS の書き換えが行われる前の概念構造では対象は場所
よりも高い位置にあるので，"在" のフレームをとるが，書き換えが行わ
れた後の概念構造では場所が対象よりも高い位置にあるので，"有" と同
じフレームをとるわけである。

　ここで，"有" と「動詞＋アスペクト助詞」の存現文の違いを挙げてお
くと，1 つは "有" にはアスペクト助詞が付かないことである。これはそ
もそも "有" が「場所＋動詞＋対象」のフレームをもつため (65)，LCS の
書き換え規則によりわざわざ「場所＋動詞＋対象」の語順を出す必要性が
ないからである。

(69) a. ＊路上有着一棵樹。
　　　b. ＊前面有着一対夫妻。
　　　c. ＊石头上有着一个字。

　存現文の意味構造が動詞本来の LCS から所有関係を表す意味構造に書

き換えられるという本分析を支持するさらなる経験的証拠として，目的
語名詞の定性制約（Definiteness Restriction）（Milsark 1977）がある。よく知
られているように，英語の There 構文の動詞の後ろに現れる名詞句におい
ては，（70a）の *many, some* のような weak determiner（弱決定詞）は現れ
ることができるが，（70b）の *most, all* のような strong determiner（強決定
詞）は現れることができないという定性制約がある。

（70）a.　There are {many/some} books on the table.
　　　 b. * There are {most/all} books on the table.

このような名詞句の定性制約は，Kishimoto（1996）や岸本（2005）でも議
論されているように，所有文の目的語にも見られる（なお，（71）が所有
の意味を表していること，「兄弟」が目的語である根拠を示す詳しい議論
に関しては岸本（2005）を参照されたい）。

（71）a. * ジョンには，（その）{ほとんどの / すべての} 兄弟がいる。
　　　 b.　　ジョンには，{たくさんの / 何人かの /3 人の} 兄弟がいる。

岸本（2005: 177）

（71a）では「ほとんどの / すべての〜」のような定名詞句が現れないこと
で，目的語に定性制約があることを示している。これと同じことは存現文
にも見られ，（72）が示すとおり，"大部分〜"（ほとんど）や"毎〜"（す
べて）のような定名詞句や"那"（あの）や"他们"（彼ら）のような指示詞
と代名詞の定名詞句は現れない（刘（他）1983）。

（72）a.　教室　里　坐　　着　　{*大部分的学生 /*每个学生}。
　　　　　　教室　中　座る　ASP　　ほとんどの学生 / すべての学生
　　　　　　'教室には {ほとんどの学生 / すべての学生} が座っている。'
　　　 b.　教室　里　坐　着　　{*那个学生 /*他们}。
　　　　　　教室　中　座る　ASP　　あの学生 / 彼ら
　　　　　　'教室には {あの学生 / 彼ら} が座っている。'

これに対して，もちろん"很多学生"（たくさんの学生）や"三个学生"（3人の学生）のような不定名詞句は存現文に現れる。

(73)　教室　里　坐　着　{很多学生 / 三个学生}。
　　　教室　中　座る　ASP　たくさんの学生 / 三人の学生
　　　'教室には {たくさんの学生 /3 人の学生} が座っている。'

このように，日本語の所有文の目的語に定性制約があることと同じように，存現文の目的語にも定性制約が見られるということは，存現文の意味構造が所有関係を表す意味構造に書き換えられるとする本分析の妥当性を示していると考えられる。

　また，(63) の"有"も所有の意味を表すので，(74) が示すとおり，目的語に定性制約がある（Huang 1987）。この事実からも，存現文と"有"構文の類似性が窺える [5]。

5　ただし，存現文の目的語と"有"構文に現れる目的語とでは，その定性制約に違いが1 点見られる（Huang 1987）。以下に示すように，"有"構文で proper names が現れない一方，存現文では現れることができる。

(i)　　＊沙发　上　有　朴老师。
　　　　ソファ　上　いる　朴先生
　　　　'ソファに朴先生がいる。'
(ii)　　沙发　上　坐　着　朴老师。
　　　　ソファ　上　座る　ASP　朴先生
　　　　'ソファに朴先生が座っている。'

　"有"構文と存現文のどちらも所有関係を表すので，本文で見たとおり，基本的には定名詞句は現れない。ところが，(ii) の存現文では proper names を表す"朴老师"（朴先生）が現れている。(i) と (ii) の違いは，"有"の LCS が HAVE で，存現文の LCS が BE WITH であるという区別に還元できる可能性がある。目的語が BE WITH の項であるか HAVE の項であるかということが，proper names が現れるかどうかに影響すると考えることができるのである。(ii) は存現文の目的語における定性制約を疑うものではないと考えられる。いずれにしても，存現文と"有"構文に類似性は認められるのである。

　また，英語の There 構文においても，'Look, there is John in the garden.' のように直示表現のときは strong determiners が現れうることにも留意されたい（White 2008）。(ii) の存現文も「ソファに朴先生が座っている」ということを直示的に表している。

(74)　教室　里　有　{*大部分的学生 / *毎个学生}。
　　　教室　中　いる　ほとんどの学生 / 全部の学生
　　　'教室には {ほとんどの学生 / 全部の学生} がいる。'

　これまで見てきた存現文あるいは場所格倒置構文が存在の意味あるいは状態性を表すことは中国語に限られたことではなく，Nakajima（2001）でも議論されているように英語や日本語の観察でも同じことが主張されている。Nakajima（2001）では Locative Inversion に現れる動詞は結局のところ状態を表すとしている。日本語でも英語の Locative Inversion に当たる構文を作ることができ，(75) のような文がこれに当たる（Yamamoto 1997, Nakajima 2001, 小野 2005, 于 2007）[6]。

(75) a.　道路には自転車が倒れている。
　　 b.　この会社にはたくさんの人が働いている。
　　 c.　机の上にはコップが置かれている。

日本語でも中国語と同様，非対格自動詞 (75a)，非能格自動詞 (75b)，そして他動詞 (75c) が場所格倒置構文に現れうるが（小野（2005）では場所格構文と呼ばれている），(75) でもやはり状態がハイライトされていることは (76) から明らかである。

(76) a.　*道路にはゆっくりと自転車が倒れている。
　　 b.　*この会社にはあくせくとたくさんの人が働いている。
　　 c.　*机の上にはゆっくりとコップが置かれている。

───────────

6　日本語の場所格倒置構文でもアスペクトを表す「ている」（あるいは「いる」）が必須の要素となっていることに留意されたい。
(i)　　　道路には自転車が {*倒れる / 倒れている}。
(ii)　　 この会社にはたくさんの人が {*働く / 働いている}。
(iii)　　机の上にはコップが {*置かれる / 置かれている}。
　したがって，日本語の場所格倒置構文でも中国語と同様のメカニズムが機能していると推測することができるが，ここではこれ以上立ち入らないこととする。

(76) からわかるように，日本語も中国語と同様，行為連鎖における行為や変化の部分を修飾することはできない。このことは日本語の場所格倒置構文においても状態以外の部分は背景化されていることを示唆している。同じことは英語の Locative Inversion にも言える。Levin and Rappaport Hovav（1995）で議論されているように，Locative Inversion に現れる他動詞の受動形は by 句と共起しないことから状態の解釈を示すとされている（77）。また，第 1 章で見たように *work* などの非能格自動詞が生起できることもあるが，この場合でも状態性がハイライトされていることは *willingly* などの副詞と共起できないことから明らかである（78）。

(77) a. ??Among the guests of honor was seated my mother by my friend Rose.

b. ??In the rainforest can be found the reclusive lyrebird by a licky hiker.

Bresnan（1994: 78–79）

(78) a. ??Willingly on the third floor worked two young women.

b. ??Willingly behind the wheel Lounged a man uniformed with distinct nautical flavour.

さらに，Levin and Rappaport Hovav（1995）で観察されているとおり，同じ状態変化動詞であっても，その動詞が状態変化の意味を表すのかあるいは出現の意味を表すのかで Locative Inversion に生起できる可能性が変わる。Levin and Rappaport Hovav（1995）によると，動詞 *open* には状態変化の意味に加えて，"become visible" と同等の出現の意味を表すことができる。その場合，外的な要因による状態変化とは異なり，あるものがある場所に存在するようになるという意味を有することになり，Locative Inversion に現れることが可能となる。

(79) a. Underneath him OPENED a cavity with sides two hundred...

b. *On the top floor of the skyscraper BROKE many windows.

Levin and Rappaport Hovav（1995: 224）

(79a) の *open* は外的な要因が加わり，彼の下にへこみが出来るという

状態変化の意味を表しているのではなく，へこみが現れるという出現の意味を表している。一方，*break* などの状態変化動詞ではあくまで出来事が起こる場所としての意味しかなく，状態性に焦点が当てられないので，（79b）のように Locative Inversion では現れない（Levin and Rappaport Hovav 1995）。

　このように日本語と英語の場所格倒置構文においてもやはり状態性に焦点が当てられていることがわかる。すなわち，存現文では状態性がハイライトされているという本分析は通言語的に見ても共通した特徴であると言えるのである。

4.5.　状態動詞

　最後に状態を表す存在動詞のふるまいについて見ておくことにする。これまでの議論が正しいとすると，状態動詞が存現文で現れるときもアスペクト助詞が必須となり，場所に焦点が当てられ，LCS の書き換え規則によって「場所＋動詞＋対象」の語順が得られると予測されるが，まさにそのとおりとなる。まず，"住"（住む）を例にとって考えてみることにする。"住"（住む）は存在動詞なので，（80a）の LCS をもつと考えられ，（80b）の文を作ることができる。

(80) a. [$_{STATE}$ y BE AT z]
　　 b.　很多　　　人　住　　在　他的家。
　　　　　たくさん　人　住む　で　彼の家
　　　　　'たくさんの人が彼の家に住んでいる。'

（80）もまた存現文を作ることができ，その場合，（81）が示すとおりアスペクト助詞 "着" は必須の要素となり，（81）から "着" を削除すると，たくさんの人が彼の家に住んでいるという意味にはならない。

(81)　　他的家　住　　（*着）　很多　　　人。
　　　　彼の家　住む　　ASP　たくさん　人

'彼の家にはたくさんの人が住んでいる。'

(81) も LCS に場所を項にとる AT 述語を含む動詞なので (80a)，(14) の書き換え規則を適用することにより (82) で見るように派生できる。

(82)

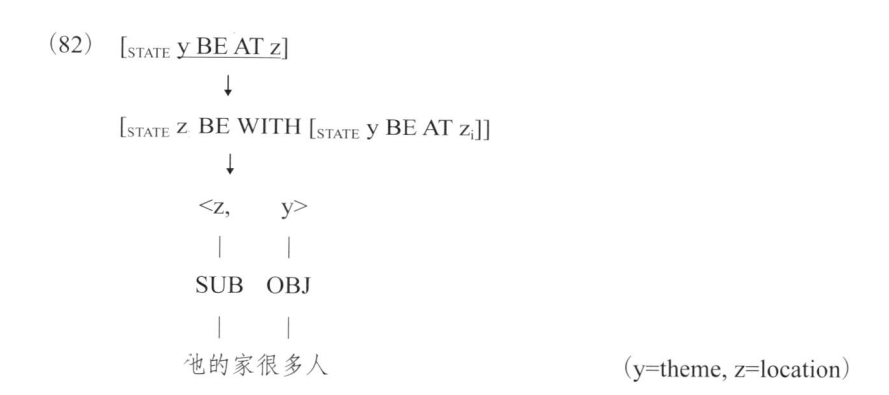

$[_{\text{STATE}}\ y\ \text{BE AT}\ z]$

↓

$[_{\text{STATE}}\ z\ \text{BE WITH}\ [_{\text{STATE}}\ y\ \text{BE AT}\ z_i]]$

↓

<z,   y>

SUB OBJ

他的家很多人   (y=theme, z=location)

(82) でもやはり 1 つ目の LCS に場所を変項にとる AT 述語がある。これも (58) の一般化と一致するので，これまで見てきた他動詞，非能格自動詞や非対格自動詞と同様，存在スキーマから所有スキーマへの書き換え規則が適用できる。その結果，場所 (z) が対象 (y) に先行し，統語上 z が主語にそして y が目的語に具現される (81) の存現文が作られる。

　LCS に場所概念を含む意味述語 [BE AT] が記載されている状態動詞は "住"（住む）以外にもあり，自由に存現文を作ることが可能である。

(83) a.　床　　　上　躺　　　（*着）　一只　　猫。
　　　　　ベッド　上　横たわる　　ASP　一 – CL　猫
　　　　　'ベッドの上には猫が 1 匹横たわっている。'

　　 b.　口　里　含　（*着）　一个　　糖。
　　　　　口　中　含む　　ASP　一 – CL　飴
　　　　　'口の中には飴が 1 つ含んである。'

　　 c.　前面　站　（*着）　一个　　人。
　　　　　前　　立つ　　ASP　一 – CL　人

‘前には人が1人立っている。’

d.　他的心　里　存在　（*着）　很多　　問題。
　　彼の心　中　ある　　ASP　たくさん　問題
　　‘彼の心にはたくさんの問題が（抱えて）ある。’

（83）からわかるように，アスペクト助詞“着”を省略できないことから，（83）もこれまで見てきた存現文と同等に扱うことができる。ただし，4.4.3 節で議論したように，（83d）の“存在”（ある）と類似した存在を表す動詞“在”（ある）は「対象＋動詞＋場所」の語順のみをとり，「場所＋動詞＋対象」の語順はとれない。

（84）a.　一本　　書　在　　桌子　上。
　　　　一－CL　本　ある　机　　上
　　　　‘1冊の本が机の上にある。’
　　b.＊桌子　上　在　　（着）　一本　　書。
　　　　机　　上　ある　ASP　一－CL　本
　　　　‘机の上には本が1冊ある。’

（84b）からわかるように，存在動詞“在”（ある）はアスペクト助詞“着”を伴っていても存現文を作ることができない。これは，先に述べたように中国語で“在”（ある）は「対象＋動詞＋場所」の語順しかとれないという，“在”に特有の語彙的な制限があるため例外的なふるまいをするからである。しかし，一方で“存在”（ある）には“在”（ある）のような語順に関する制限がなく，ほぼ同じ意味である（83d）の存在動詞“存在”は存現文に現れることができる（85a）。

（85）a.　他的心　里　存在　着　很多　　問題。
　　　　彼の心　中　ある　ASP　たくさん　問題
　　　　‘彼の心にはたくさんの問題が（抱えて）ある。’
　　b.　很多　　問題　存在　他的心　里。
　　　　たくさん　問題　ある　彼の心　中

'たくさんの問題が彼の心の中に（抱えて）ある。'

"存在"（ある）は（85b）のようにアスペクト助詞を伴わないで「対象＋動詞＋場所」の語順をとることが可能である。このことは，"在"（ある）とほぼ同じ意味を"存在"（ある）が表すにもかかわらず，存在スキーマから所有スキーマへの書き換え規則を適用することができることを示している。状態動詞である"存在"（ある）の LCS には場所を項にとる AT 述語が記載されていると考えられるので，存現文にできるということが予測される。対照的に，Pan（1996）の分析では（4）で示したように"zhe operation"が適用されるのは [-stative] の文に限られるので，[+stative] の事象を表す状態動詞が存現文に現れうることを説明できないということは前に述べたとおりである。

　同じ状態動詞であっても LCS に場所概念を含む意味述語 [BE AT] がないものはやはり存現文に現れることができない。たとえば，"爱"（愛する）や"知道"（知る）がこれに当たる。

(86) a. ＊那里　　爱　　　着　　一个　　　女性。
　　　あそこ　愛する　ASP　一－CL　女性
　　　'あそこに 1 人の女性が愛されている。'
　 b. ＊他的脑子　里　知道　着　　这个　　問題的答案。
　　　彼の脳　　中　知る　ASP　こ－CL　問題の答え
　　　'彼の脳の中にはこの問題の答えが知っている。'

これらの LCS は（87）のように記述できる。

(87)　[STATE x EXPERIENCE y]　　　　　　　（x=experiencer, y=theme）

誰かを愛することや何かを知ることは，誰かがある人を愛することを経験すること，誰かが何かの知識を得るということを経験するような意味を表すので，（86a, b）の LCS は（87）のように記述できる。この LCS には場所を項にとる AT 述語がないので，（86）の存現文を作ることができない

のである。

　以上，本節では4.3節で提案した存在スキーマから所有スキーマへの書き換えによる本分析の妥当性をアスペクトのふるまい，動詞"有"（ある）との交替，日本語や英語でも同じく状態性に焦点が当たっていることにより確かめられると論じた。さらには，状態を表す存在動詞においても他動詞，非能格自動詞そして非対格自動詞と同様のメカニズムが働いていることを示した[7]。

4.6.　まとめ

　本章では，非動作主卓越構文のうちの存現文に現れる動詞が，なぜそれ本来がもつ項構造に反して，対象項と場所項が倒置された状態で具現されるのかについて考察した。本論では，存現文が「場所＋動詞＋対象」の語順をとるのは，存現文に共起するアスペクト助詞により，動詞本来の語彙概念構造に含まれる存在スキーマから所有スキーマへの書き換えが起こるからであるという分析を提案した。この分析では，場所項が対象項よりも階層上高い位置に現れる項構造＜場所，対象＞が作られることになり，場所項が主語に，そして対象項が目的語に具現化される存現文の語順しか許されなくなる。さらに，本分析は存現文の語順だけでなく，存現文が表す「ある場所にあるものが存在する」という存在の意味も導くことができることを示した。より具体的には，存現文が表す存在の意味は，所有から存在への推論規則によって得られると論じた。本論では，「場所概念を含む意味述語 [BE AT] を語彙概念構造に含む動詞のみ存現文に現れる」という一般化を提示し，この一般化が他動詞だけでなく，非能格自動詞，非対格自動詞，さらには状態動詞にも当てはまることを示した。本分析を用いると，存現文が他動詞，非能格自動詞そして非対格自動詞において，一

7　なお，LCS の書き換えがアスペクト助詞のどの機能によって引き起こされるかを考える必要がある。本書では，これは，存現文でアスペクト助詞の"着"が現れることが典型的であること，そしてアスペクト助詞の"了"も存現文では状態を表し，"着"と"了"が交替できること，存現文の意味構造が状態 [STATE...] を表すことから見て，1つの可能性としてアスペクト助詞が指定する状態性に求めることができると考える。

貫して動詞の行為連鎖上の行為と変化の部分を修飾する副詞句と共起できないという事実を無理なく説明することができる。これに対して，Pan（1996）の分析ではこれらの事実はまったく説明できない。さらに，Pan（1996）の分析は [-stative] の事象に限られるので，[+stative] である状態動詞に他動詞，非能格自動詞そして非対格自動詞と同じメカニズムが働いていることを説明できない。動詞本来の語彙概念構造に含まれる存在のLCS から所有の LCS に書き換えられるという本分析の妥当性は，時間副詞のアスペクトテスト，存在動詞"有"との交替，通言語的に場所格倒置構文では状態性に焦点があることなどの経験的事実から確かめることができる。

第5章

結び

　項の具現化でしばしば議論される意味役割の階層性に関して，中国語も基本的にはこれに従った形で項の具現化が行われるが，これまで議論してきたように，結果複合動詞構文，存現文そして双数量構文に代表される非動作主卓越構文では，意味役割の階層性に反して項の具現化が行われるということを見てきた。第1章では項の具現化に関する先行研究，第2章では結果複合動詞構文，第3章では双数量構文，そして第4章では存現文における項の現れ方について検討し，それぞれ以下に述べるような結論を得た。

　第1章では，項の具現化でしばしば議論される意味役割の階層性を検討し，中国語も通常，この階層性に従った形で項の具現化が行われることを見た。その上で，中国語の非動作主卓越構文（結果複合動詞構文，存現文，双数量構文）において，意味役割の階層性に反するような形で項の具現化が行われることがあることを見て，それぞれの構文における先行研究について検討し，いずれの構文でも記述的・理論的問題点があることを示した。

　第2章では，非動作主卓越構文のうちの結果複合動詞構文における項の現れ方について考察し，以下の結論を得た。まず，結果複合動詞で論理的に可能な4つの解釈のうち，実際には3つの解釈しかできない。そのうちの1つでは目的語を動作主として解釈することが可能である。いずれの解釈においても，主語が動詞の前にそして目的語が動詞の後に現れることを再帰代名詞束縛，所有者関係節化，"把"構文により確かめた。このことから，実際に動作主が目的語に具現化されていることがわかる。

　結果複合動詞構文のV1とV2の語彙概念構造の組み合わせ方によっ

て，項の具現化パターンが変わることを議論した。結果複合動詞のリンキングパラダイムは，「項 α に対象 (theme) の解釈があるときに限り，項 α は目的語に (内項として項構造に) 具現化される (ただし，主語 (外項) がなければならない)」という単純なリンキングルールを仮定すれば説明できることを論じた。さらに，V1 が他動詞，自動詞，そして 3 項動詞の場合でも同じ原則が働くことを示した。また，通常目的語に具現化されるはずのない動作主が目的語に現れうるのは，V1 の動作主と V2 の対象が意味的に同定される場合に限られる。この事実も本章で提案するルールから導かれる。要するに，動作主目的語が可能となるには，V1 の動作主と V2 の対象が意味的に同定される必要があるということである。

　第 3 章では，動作主が目的語に具現化されていると思われるもう 1 つの非動作主卓越構文，すなわち双数量構文について考察し，以下の結論を得た。この構文では，主語名詞句と目的語名詞句に数量詞表現が現れ，主語と目的語の間で数量対比関係の意味があるという特徴が見られる。双数量構文に現れる動詞は，数量対比関係の意味を表す“够”（足りる）と合成して，“够 V”のような複合動詞を作ることができるが，この複合動詞は，双数量構文に現れる動詞と同じく，進行形にできない，具体的な時間や場所を指定できない，動詞の意味構造に含まれる行為を修飾できないなどの事実を共有する。このことから，本論では，双数量構文は，見かけ上単一の動詞が現れているが，実質的には，“够”（足りる）に由来する数量対比関係を表す意味述語 ENOUGH と単体で現れる動詞の LCS が合成することで形成される構文であるという分析を行った。この構文では，「項 α が対象（内項）であるとき，かつ，そのときに限り，項 α は主語にリンクされる」というリンキングルールを 1 つだけ仮定すれば，語順が「対象＋動詞＋動作主」となることを説明できることを示した。さらに，双数量構文に現れる 3 項動詞のふるまいを検討し，本分析で提案するリンキングルールにより，3 項動詞がもつ項，動作主，受益者，対象からは「対象＋動詞＋受益者」の語順しか許されないことを示した。さらに，表面上双数量構文と似ている“看”（診る）についても検討し，“看”（診る）に数量対比関係の意味がないこと，具体的な時間や場所を指定する表現と共起できることなどから，実際には“看”（診る）は双数量構文とは別の構文である

ことを示した。ただし，別の構文ではあるものの，結局は双数量構文と同じく，見かけ上は現れない動詞を想定することで，"看"（診る）の項の文法関係も説明できることを論じた。

　第 4 章では，中国語非動作主卓越構文のうちの存現文における項の現れ方について考察し，以下の結論を得た。英語などの Locative Inversion に相当すると思われる存現文では受動形でない他動詞が現れることができるが，その場合，本来他動詞の項である動作主は取り消され，場所が主語，対象が目的語に現れ，対象項と場所項が倒置された形で具現化される。本論では，まず，再帰代名詞束縛と所有者関係節化から存現文が実際に場所を主語に対象を目的語にとることを確かめ，次に，動詞の本来の意味構造に含まれる存在の LCS がアスペクト助詞によって所有の LCS に書き換えられるために，「場所＋動詞＋対象」という存現文の語順が生まれることを提案した。本分析では，存現文で動詞本来の意味構造に含まれる行為を表す意味述語（DO）を修飾できないこと，存在を表す"有"と存現文の「動詞＋アスペクト助詞」が交替できることなど多くの事実を説明できる。存在の LCS から所有の LCS への書き換え規則が適用できるのは，動詞本来の意味構造に場所を項にとる AT 述語を含むものに限られる。存現文が表す「あるものがある場所に存在する」という存在の意味も，本分析で提案する存在の LCS から所有の LCS への書き換え規則から説明できることを示した。

　以上，本書は全体を通して，中国語の結果複合動詞構文，双数量構文そして存現文に代表される非動作主卓越構文では，意味役割の階層性に反して項が倒置された形で具現化されることを考察し，第 2 章と第 3 章で提案する 2 つのリンキングルールだけで説明できることを示した。第 2 章で提案するリンキングルールは事象文，第 3 章で提案するリンキングルールは性質を表す文に関するルールとして，すみ分けることができる。第 4 章では，LCS の書き換え規則により語彙概念構造でより高い位置になる項は項構造でも統語構造でもより高い位置にあるという語彙概念構造に立脚した前提から説明されることを見た。

　本書全体の分析から得られる知見として，中国語の非動作主卓越構文で項が倒置された形で具現化できるのは，単一の動詞ではなく，複合動詞を

形成する場合であることが明らかになった。特に，第 3 章では，実質的には存在するが見かけ上は現れない動詞が，見かけ上現れている動詞と複合動詞を形成し，当該の語順を説明するのに中心的な役割をしているという可能性があることが明らかになった。語彙意味論においては，見かけ上現れない，つまり発音されない動詞があるというような仮説を立てるのは一般的ではないが，本書の帰結から考えるとそのような可能性を探る価値はあると考えられる。もちろん，そのような仮説は統語論においてはしばしば見られることなので，言語学一般で見るとごく自然なことである。

　第 4 章の存現文においては，第 2 章や第 3 章と同様に動詞＋動詞型の複合動詞が鍵となっているかどうかはっきりとしない部分がある。存現文で動詞と隣接しているのは動詞ではなくアスペクト助詞であるからだ。他方，そのように見ることができる根拠が存在するのも事実である。まず，これまで議論してきたように，存現文にとってアスペクト助詞は必須の要素で動詞との間に形態的緊密性があること，そして，存現文はアスペクト助詞の "着" を伴って現れるのがもっとも典型的であることを見てきた（宋 1982b）。この "着" はアスペクト助詞としては，zhe と発音されるが，語源的には，zhào と発音される補語と関連がある。この補語は，結果複合動詞の V2 として現れ，V1 が表す動作が成功裏に行われたことを意味する。たとえば，'我终于吃着了寿司'（私はようやく寿司を食べることができた。）においては，"着" は食べている動作が継続しているというアスペクトを表しているのではなく，寿司を食べることにありつけたという意味を表している。"吃着"（食べる－着く）などの複合動詞は，Li and Thompson（1981）で phase タイプとして結果複合動詞の 1 つに分類されているものである（cf. Chao 1968, Lu 1977, 刘（他）1983, Packard 2000）。Sybesma（1999）は，"着" の zhe と zhao の語源的な関係性と結果述語としての "着" の意味に着目し，zhe と発音する "着" をも結果述語として分析している。たとえば，Sybesma（1999: 63）では，"穿着"（着る－着く）は着るという行為が成功してその結果何かを着ているという意味を表すとしている。このように，"着"（zhe）を結果述語として分析するということは，結果複合動詞として分析するということで，その場合，動詞＋動詞型の複合動詞を形成していることになる。結果述語としての "着" の側面を

考慮すると，存現文における"着"も動詞的性質を帯びている可能性があり，結局は，複合動詞のような形をしていると考えることができる。

　いずれにしても，本書から得られる帰結としては，第 2 章の結果複合動詞，第 3 章の双数量構文，そして，第 4 章の存現文で項の逆転が起こる場合は，それぞれの構文に現れる動詞が複合動詞（少なくとも，動詞単独ではなく意味的に密接した関係にある「動詞 + X」の形）を形成する場合に限られると結論づけることができる。

参考文献

Ahn, Byron and Craig Sailor (2010) The emerging middle class. *CLS* 46, vol.1, pp. 357–371.

Anderson, Stephen (1976) On the notion of subject in ergative languages. In Charles N. Li (ed.) *Subject and Topic*, pp. 1–23. Academic Press, New York.

Andrews, Avery (1985) The major functions of the noun phrase. In Timothy Shopen (ed.) *Language Typology and Syntactic Description. Vol.1: Clause Structure*, pp. 62–154. Cambridge University Press, Cambridge.

Bender, Emily (2000) The syntax of Mandarin *BĂ*: Reconsidering the verbal analysis. *Journal of East Asian Linguistics* 9, pp. 105–145.

Birner, Betty (1995) Pragmatic constraints on the verb in English inversion. *Lingua* 97, pp. 233–256.

Bresnan, Joan (1994) Locative inversion and the architecture of universal grammar. *Language* 70, pp. 72–131.

Bresnan, Joan and Jonni M. Kanerva (1989) Locative inversion in Chichewa: A case study of factorization in grammar. *Linguistic Inquiry* 2, pp. 1–50.

Bresnan, Joan and Lioba Moshi (1990) Object asymmetries in comparative Bantu syntax. *Linguistic Inquiry* 21, pp. 147–185.

Carrier-Duncan, Jill (1985) Linking of thematic roles in derivational word formation. *Linguistic Inquiry* 16, pp. 1–34.

Chao, Yuen-Ren (1968) *A Grammar of Spoken Chinese*. University of California Press, Berkeley.

陈庭珍 (1957) 〈汉语中处所词做主语的存在句〉《中国语文》8, pp. 15–19.

Cheng, Lisa Lai-Shen and C.-T. James Huang (1994) On the argument structure of resultative compounds. In Matthew Chen and Ovid T.-L. Tzeng (eds.) *In Honor of William Wang*, pp. 187–221. Pyramid Press, Taipei.

陈平 (1994) 〈讨论汉语中三种句子成分与语义成分的配位原则〉《中国语文》3, pp. 161–168.

Chomsky, Noam (1981) *Lectures on Government and Binding*. Foris, Dordrecht.

Chu, Chauncy C. (1998) *A Discourse Grammar of Mandarin Chinese*. Peter Lang, New York.

Coopmans, Peter（1989）Where stylistic and syntactic processes meet: Locative inversion in English. *Language* 65, pp. 728–751.

Dixon, Robert M. W.（1972）*The Dyirbal Language of North Queensland.* Cambridge University Press, Cambridge.

Dixon, Robert M. W.（1979）Ergativity. *Language* 55, pp. 59–138.

Dixon, Robert M. W.（1994）*Ergativity.* Cambridge University Press, Cambridge.

Dowty, David R.（1979）*Word Meaning and Montague Grammar*. Kluwer, Dordrecht.

Dowty, David R.（1991）Thematic proto-roles and argument selection. *Language* 67-3, pp. 547–619.

Fillmore, Charles J.（1968）The case for Case. In Emond Bach and Robert T. Harms （eds.）*Universals in Linguistic Theory*, pp. 1–88. Holt, Rinehart, and Winston, New York.

Foley, William and Robert Van Valin（1984）*Functional Syntax and Universal Grammar.* Cambridge University Press, Cambridge.

Goldberg, Adele（1995）*Constructions*. University of Chicago Press, Chicago.

Goodall, Grant（1987）On argument structure and L-marking with Mandarin Chinese *Ba*. *NELS* 17-1, pp. 232–242.

Grimshaw, Jane（1990）*Argument Structure*. MIT Press, Cambridge, Mass.

Gruber, Jeffrey S.（1965）Studies in Lexical Relations. Doctoral dissertation, MIT.

Gu, Yang（1992）The Syntax of Resultative and Causative Compounds in Chinese. Doctoral dissertation, Cornell University.

郭锐（2002）〈述结式的论元结构〉徐烈炯・邵敬（編）《汉语语法研究的新拓展（一）：21 世纪首届现代汉语语法国际研讨会论文集》pp. 169–186. 浙江教育出版社，杭州.

Hashimoto, Anne Y.（1971）Descriptive adverbials and the passive construction. *Unicorn* 7, pp. 84–93.

Her, One-Soon（1991）Topic as a grammatical function in Chinese. *Lingua* 84, pp. 1–23.

Her, One-Soon（2007）Argument-function mismatches in Mandarin resultatives: A lexical mapping account. *Lingua* 117, pp. 221–246.

Her, One-Soon（2009）Apparent subject-object inversion in Chinese. *Linguistics* 47-5, pp. 1143–1181.

Huang, Chu-Ren（1992）Certainty in functional uncertainty. *Journal of Chinese Linguistics* 20, pp. 247–287.

Huang, C.-T. James（1982）Logical Relations in Chinese and the Theory of Grammar. Doctoral dissertation, MIT.

Huang, C.-T. James（1987）Existential sentences in Chinese and（in）definiteness. In Eric

J. Reuland and Alice G. B. Ter Meulen (eds.) *The Representation of (In)definiteness*, pp. 226–253. MIT Press, Cambridge, Mass.

Huang, C.-T. James (1993) Reconstruction and the structure of VP: Some theoretical consequences. *Linguistic Inquiry* 24, pp. 103–138.

Huang, C-T. James, Y.-H. Audrey Li and Yafei Li (2009) *The Syntax of Chinese*. Cambridge University Press, Cambridge.

石村広 (2011) 『中国語結果構文の研究』. 白帝社, 東京.

Jackendoff, Ray (1972) *Semantic Interpretation in Generative Grammar.* MIT Press, Cambridge, Mass.

Jackendoff, Ray (1983) *Semantics and Cognition*. MIT Press, Cambridge, Mass.

Jackendoff, Ray (1987) The status of thematic relations in linguistic theory. *Linguistic Inquiry* 18, pp. 369–412.

Jackendoff, Ray (1990) *Semantic Structures*. MIT Press, Cambridge, Mass.

影山太郎 (1993) 『文法と語形成』. ひつじ書房, 東京.

影山太郎 (1996) 『動詞意味論』. くろしお出版, 東京.

影山太郎 (1999) 『形態論と意味』. くろしお出版, 東京.

影山太郎・由本陽子 (1997) 『語形成と概念構造』. 研究社, 東京.

Keenan, Edward L. (1976) Towards a universal definition of "subject". In Charles N. Li (ed.) *Subject and Topic*, pp. 303–333. Academic Press, New York.

Keenan, Edward L. and Bernard Comrie (1977) Noun phrase accessibility and universal grammar. *Linguistic Inquiry* 8, pp. 63–99.

金水敏 (1994)「連体修飾の『～タ』について」田窪行則 (編)『日本語の名詞修飾表現』pp. 29–65. くろしお出版, 東京.

Kiparsky, Paul (1985) *Morphology and Grammatical Relations.* unpublished. Stanford University, Stanford, CA.

Kiparsky, Paul and J. F. Staal (1969) Syntactic and semantic relations in Pāṇini. *Foundations of Language* 5-1, pp. 83–117.

Kishimoto, Hideki (1996) Agr and agreement in Japanese. In Masatoshi Koizumi, Masayuki Oishi, and Uli Sauerland (eds.) *Formal Approaches to Japanese Linguistics 2*, MIT Working Papers in Linguistics 29, pp. 41–60.

岸本秀樹 (2005) 『統語構造と文法関係』. くろしお出版, 東京.

岸本秀樹 (2009) 〈部分的な達成を表す語彙概念構造〉趙華敏・沈力 (編)《漢日理論言語学研究》pp. 38–46. 学苑出版社, 北京.

Kishimoto, Hideki and Yile Yu (2018) The syntax of resultative verb compounds in Chinese, ms.

Kroeger, Paul (1993) *Phrase Structure and Grammatical Relations in Tagalog*. CSLI

Publications, Stanford, CA.

Larson, Richard (1988) On the double object construction. *Linguistic Inquiry* 19, pp. 335–391.

Levin, Beth (1985) *Lexican Semantics in Review, Lexicon Project Working Papers 1*, Center for Cognitive Science, MIT, Cambridge, Mass.

Levin, Beth and Malka Rappaport Hovav (1995) *Unaccusativity*. MIT Press, Cambridge, Mass.

Levin, Beth and Malka Rappaport Hovav (2005) *Argument Realization.* Cambridge University Press, Cambridge.

Li, Audrey Yen-Hui (1990) *Order and Constituency in Mandarin Chinese*. Kluwer, Dordrecht.

李临定 (1986)《现代汉语句型》商务印书馆, 北京.

李临定·范方莲 (1960)〈讨论表"每"的数量结构对应式〉《中国语文》11, pp. 379–381.

Li, Wendan (2014) Perfectivity and grounding in Mandarin Chinese. *Stuidies in Language* 38-1, pp. 127–168.

Li, Yafei (1990) On Chinese V-V compounds. *Natural Language and Linguisitc Theory* 8, pp. 177–207.

Li, Yafei (1993) Head and aspectuality. *Language* 69, pp. 480–504.

Li, Yafei (1995) The thematic hierarchy and causativity. *Natural Language and Linguistic Theory* 13, pp. 255–282.

Li, Yafei (1999) Cross-componential causativity. *Natural Language and Linguistic Theory* 17, pp. 445–497.

Li, Charles N. and Sandra A. Thompson (1981) *Mandarin Chinese: A Functional Reference Grammar*. University of California Press, Berkeley.

Lin, T.-H. (2008) Locative subject in Mandarin Chinese. *Nanzan Linguistics* 4, pp. 69–88.

刘月华·潘文娱·故 [韦华] (1983)《实用现代汉语语法》外语教学与研究出版社, 北京.

Lu, John H.-H. (1977) Resultative verb compounds vs. directional verb compounds in Mandarin. *Journal of Chinese Linguistics* 5, pp. 276–313.

吕叔湘 (1944)《中国文法要略》商务印书馆, 北京. 1982.

吕叔湘 (1946)〈从主语, 宾语的分别谈国语句子的分析〉《吕叔湘文集 (2)》商务印书馆, 北京. 1990.

Lyons, John (1967) A note on possessive, existential, and locative sentences. *Foundations of Language* 3, pp. 390–396.

McCawley, James D.（1992）Justifying part-of-speech assignments in Mandarin Chinese. *Journal of Chinese Linguistics* 20, pp. 211–245.

Marantz, A. P.（1981）On the Nature of Grammatical Relations. Doctoral dissertation, MIT.

Marantz, A. P.（1984）*On the Nature of Grammatical Relations*. MIT Press, Cambridge, Mass.

Milsark, Gary（1977）Toward an explanation of certain peculiarities of the existential construction in English. *Linguistic Analysis* 3, pp. 1–29.

松本曜（1998）「日本語の語彙的複合動詞における動詞の組み合わせ」『言語研究』114, pp. 37–83.

Nakajima, Heizo（2001）Verbs in locative constructions and the generative lexicon. *The Linguistic Review* 18, pp. 43–67.

聂文龙（1989）〈存在和存在句的分类〉《中国语文》2，pp. 95–104.

小野尚之（2005）『生成語彙意味論』．くろしお出版，東京.

Ostler, N. D. M（1979）Case Linking: A Theory of Case and Verb Diathesis Applied to Classical Sanskrit. Doctoral dissertation, MIT.

Packard, L. Jerome（2000）*The Morphology of Chinese: A Linguistic and Cognitive Approach.* Cambridge University Press, Cambridge.

Pan, Haihua（1996）Imperfect aspect *zhe*, agent deletion, and locative inversion in Mandarin Chinese. *Natural Language and Linguistic Theory* 14, pp. 409–432.

Pinker, Steven（1989）*Learnability and Cognition*. MIT Press, Cambridge, Mass.

Pustejovsky, James（1995）*The Generative Lexicon*. MIT Press, Cambridge, Mass.

Randall, Janet H.（2010）*Linking: The Geometry of Argument Structure*. Springer, Dordrecht.

Rappaport Hovav, M. and B. Levin（1988）What to Do with θ-roles. In W. Wilkins（ed.）*Syntax and Semantics 21*: *Thematic Relations*, pp. 7–36. Academic Press, New York, San Francisco, London.

Rappaport Hovav, M. and B. Levin（1998）Building verb meanings. In M. Butt and W. Geuder（eds.）*The Projection of Arguments: Lexical and Compositional Factors*, pp. 97–134. CSLI Publications, Stanford, CA.

Ravin, Yael（1990）*Lexical Semantics without Thematic Roles*. Clarendon Press, Oxford, New York.

任鹰（2005）《现代汉语非受事宾语句研究》社会科学文献出版社，北京.

任鹰（2007）〈存现句的句式特征及其语序原则〉张黎・古川裕・任鹰・下地早智子（编）《日本现代汉语语法研究论文选》pp. 184–204. 北京语言大学出版社，北京.

Ross, Claudia（1991）Coverbs and category distinctions in Mandarin Chinese. *Journal of*

Chinese Linguistics 19, pp. 79–115.

沈家煊（2004）〈动结式"追累"的语法和语义〉《语言科学》第 3 卷，第 6 期，pp. 3–15.

施春宏（2008）《汉语动结式的句法语义研究》北京语言大学出版社，北京.

Shi, Yuzhi（2002）*The Establishment of Modern Chinese Grammar: The Formation of the Resultative Construction and Its Effects.* John Benjamins, Amsterdam.

宋玉柱（1982a）〈定心谓语存在句〉《语言教学与研究》3，pp. 47–54.

宋玉柱（1982b）〈动态存在句〉《汉语学习》6，pp. 62–67.

宋玉柱（1988）〈存在句中动词后边的"着"和"了"〉《天津教育学院学报》1，pp. 68–77.

Sybesma, Rint（1999）*The Mandarian VP*. Kluwer, Dordrecht.

Tai, James（1984）Verbs and times in Chineses: Vendler's four categories. *CLS* 20/2, pp. 286–296.

高橋弥守彦（2002）「二つの"了"について」日中対照言語学会（編）『日本語と中国語のアスペクト』pp. 165–228. 白帝社，東京.

Tan, Fu（1991）Notion of Subject in Chinese. Doctoral dissertation, Stanford University.

Tang, J. Chih-Chen（1989）Chinese reflexives. *Natural Language and Linguistic Theory* 7-1, pp. 93–121.

Tenny, Carol（1987）Grammaticalizing Aspect and Affectedness. Doctoral dissertation, MIT.

Tenny, Carol（1994）*Aspectual Roles and the Syntax-Semantics Interface*. Kluwer, Dordrecht.

Tham, Shiao Wei（2015）Resultative verb compounds in Mandarin. In William S-Y. Wang and Chaofen Sun（eds.）*The Oxford Handbook of Chinese Linguistics*, pp. 306–319. Oxford University Press, Oxford.

上野誠司・影山太郎（2001）「移動と経路の表現」影山太郎（編）『動詞の意味と構文』pp. 40–68. 大修館書店，東京.

Vendler, Zeno（1967）*Linguistics in Philosophy.* Cornell University Press, Ithaca, NY.

王力（1943）《中国现代语法》中华书局，北京.

王力（1954）《中国语法理论》中华书局，北京.

王玲玲・何元建（2002）《汉语动结结构》浙江教育出版社，杭州.

王学群（1999）「中国語の V 着について」『日中言語対照研究論集』1 号，pp. 71–89.

Washio, Ryuichi（1997）Resultatives, compositionality and language variation. *Journal of East Asian Linguistics* 6, pp. 1–49.

Wechsler, Stephen（2015）*Word Meaning and Syntax*. Oxford University Press, Oxford,

New York

White, L. (2008) Different? Yes. Fundamentally? No. Definiteness effects in the L2 English of Mandarin Speakers. Proceedings of the 9th Generative Approaches to Second Language Acquisition Conference (GASLA 2007), Roumyana Slabakova et al. (eds.) pp. 251–261. Cascadilla Proceedings Project, Somerville, Mass.

Williams, Alexander (2014) Causal VVs in Mandarin. In C.-T. James Huang, Y.-H. Audrey Li, and Andrew Simpson (eds.) *The Handbook of Chinese Linguistics*, pp. 311–341. Wiley-Blackwell, Oxford, MA.

熊学亮・魏薇 (2014)〈倒置动结式的致使性透视〉《外语教学与研究 (外国语文双月刊)》第 46 卷, 第 4 期, pp. 497–507.

Yamamoto, Kazuyuki (1997) Locative inversion in English and Japanese. In Masatomo Ukaji, Masaru Kajita, Toshio Nakao, and Shuji Chiba (eds.) *Studies in English Linguistics: A festschrift for Akira Ota on the Occasion of His Eightieth Birthday*, pp. 650–664. Taishukan, Tokyo.

Yang, Suying (1995) Ba and Bei constructions in Chinese. *Journal of the Chinese Language Teachers Association* 30, pp. 1–36.

于康 (2007)「日本語の存在構文とその存在構文からみた動詞の意味と構文の意味とのかかわり」『国文学攷』第 192・193 合併号, pp. 1–13.

Yu, Yile (2012) Agent object realization in Chinese: An LCS account. *Kobe Papers in Linguistics* 8, pp. 21–34.

于一楽 (2012)「存現文における項の具現化」*KLS* 32, pp. 13–24.

于一楽 (2015)「中国語結果複合動詞の意味構造と項の具現化」由本陽子・小野尚之 (編)『語彙意味論の新たな可能性を探って』pp. 102–129. 開拓社, 東京.

于一楽 (2016a)「中国語結果複合動詞の分類と結合度」『滋賀大学教育学部紀要』第 65 号, pp. 35–48.

于一楽 (2016b)「中国語存現文の意味構造と項の具現化」『レキシコンフォーラム』No. 7, pp. 157–195. ひつじ書房, 東京.

Yu, Yile (2018) A semantic analysis of the English accommodation construction in comparison with Chinese. *KLS* 38, pp. 169–180.

由本陽子 (2005)『複合動詞・派生動詞の意味と統語』. ひつじ書房, 東京.

由本陽子 (2011)『レキシコンに潜む文法とダイナミズム』. 開拓社, 東京.

朱德熙 (1982)《语法讲义》商务印书馆, 北京.

Zou, Ke (1993) The syntax of the Chinese BA construction. *Linguistics* 31, pp. 715–736.

索 引

［著者］

于一楽（う・いちらく /Yile YU）

1984 年南京生まれ。
神戸大学大学院人文学研究科博士後期課程修了。博士（文学）。
滋賀大学教育学部准教授。専門は語彙意味論。
主な論文として
「中国語結果複合動詞の意味構造と項の具現化」（由本陽子・小野尚之（編）『語彙意味論の新たな可能性を探って』2015），「中国語存現文の意味構造と項の具現化」（影山太郎（編）『レキシコンフォーラム』7, 2016），"A semantic analysis of the English accommodation construction in comparison with Chinese"（*KLS* 38, 2018）
などがある。

中国語の非動作主卓越構文

2018 年 9 月 25 日　　初版第 1 刷発行

著　者　　于一楽

発行人　　岡野秀夫

発行所　　株式会社　くろしお出版

〒 102-0084　東京都千代田区二番町 4-3
TEL: 03-6261-2867　FAX: 03-6261-2879
URL: http://www.9640.jp　e-mail: kurosio@9640.jp

印刷所　　三秀舎

装　丁　　大坪佳正

© Yile YU 2018 Printed in Japan　　ISBN 978-4-87424-778-5　C3087
乱丁・落丁はおとりかえいたします。本書の無断転載・複製を禁じます。